기적의 자신감 수업

★★★

내가 얼마나 위대한지 알려주고

그래서 자존감을 한껏 높여주고

직관을 깨워 잠재력을 보여주고

그 어떤 것도 실현할 수 있다는

기적의 자신감 수업

로버트 앤서니 지음 · 이호선 옮김

청림출판

한 그루의 나무가 모여 푸른 숲을 이루듯이
청림의 책들은 삶을 풍요롭게 합니다.

당신은 생각보다 강하다.
당신이 진정한 자아를
얼마나 받아들이느냐에 따라
당신의 삶도 변화할 것이다.

인생에서 가장 위험한 거짓말,
"난 할 수 없어!"

우리는 모두 일종의 최면 상태에 빠져 있다. 다만 그 사실을 깨닫지 못하고 있을 뿐이다. 대부분의 사람들은 타인이 주입한 생각이나, 스스로 진실이라고 믿고 있는 생각에 조종당하고 있다. 예를 들어 주변 사람들이 당신에게 '예쁘다'라고 말해준다면, 아마 자신이 예쁘다고 믿을 것이다. 한편 어떤 사람들은 남들이 아무리 예쁘다고 말해주어도 절대 만족하지 않고 끊임없이 성형수술을 하기도 한다. 스스로 자신이 예쁘지 않다고 생각하기 때문이다. 그밖에도 많은 생각들이 우리의 삶을 조종하고 있으며, 우리의 행동에 커다란 영향을 끼치고 있다. 이는 마치 최면 상태에 빠져 있는 것과 똑같은 효과를 낸다.

나는 지난 몇 년 동안 자기 암시와 상상력이 가져오는 놀라운 위력을 증명하기 위해 수백 명의 청중 앞에서 최면술을 선보인 바 있다. 이 경험을 통해 내 생각에 더욱 확신을 가지게 되었다. 사람들이 최면에 빠지면 어떤 일이 벌어질지 상상해보라.

나는 어느 평범하고 건강한 여성을 무대로 불렀다. 그리고 그녀 앞에 추를 흔들며 이렇게 말했다.

"이제부터 당신은 연필 한 자루조차 들 힘이 없습니다."

여자는 믿지 못하겠다는 듯이 고개를 갸우뚱했다. 청중 역시 설마 그런 일이 일어나겠냐는 듯 의심의 눈초리를 거두지 못했다. 결과는 어땠을까? 놀랍게도 여자는 연필은커녕 종이 한 장조차 들 수 없었다. 여자는 왜 연필을 들지 못했을까? 이는 여자가 연필을 들기 위해 얼마만큼 노력했느냐의 문제가 아니었다. 그렇다고 의지의 문제도 아니다. 물론 내가 요술을 부린 것은 더더욱 아니다. 여자는 연필을 들기 위해 안간힘을 썼지만 소용이 없었다. 도대체 그녀의 내면에서 무슨 일이 벌어진 것일까?

여자의 의식은 손과 팔 근육을 이용하여 어떻게든 연필을 들려고 애썼지만, 마음 한구석에서는 이렇게 외치고 있었다.

'나는 절대 연필을 들 수 없어!'

물론 이는 몇 분 전에 내가 그녀에게 주입한 생각이다. 그녀는 고개를 갸우뚱하면서도 마음 한구석에서는 내가 한 말을 고스란히 믿어버린 것이다.

이를 통해 우리는 인간의 육체는 마음의 영향력 아래에 있다는 사실을 알 수 있다. 이는 의지의 힘과 상상의 힘이 부딪치는 전형적인 사례인데, 대부분의 경우 상상력이 의지를 이긴다.

많은 사람들이 자신의 삶을 '의지'로 바꿀 수 있으리라고 생각한다. 그러나 의지가 항상 우리의 삶을 이끌어가는 것은 아니다. 오히려 우리 마음속에 도사리고 있는 부정적인 생각들이 더 큰 힘을 발휘할 때가 많다. 자신도 모르는 사이 부정적인 생각을 기정사실로 받아들이면서 재능과 노력, 의지 등을 물거품으로 만드는 것이다. '나는 할 수 없다'라고 생각하는 순간, 우리의 인생은 실패를 향해 달음박질친다.

그렇다면 반대의 경우도 있지 않을까? 우리는 종종 '결코 가능할 것 같지 않은 일'을 목격하고는 한다. 예를 들어 자동차에 깔린 자식을 구하기 위해 차를 번쩍 들어올린 어머니를 보자. 자신보다 몇 배나 무거운 차를 들어올린다는 것은 불가능한 일이다. 하지만 이와 비슷한 일이 너무나도 빈번하게 일어난다. 어떻게 이런 일이 일어날 수 있을까? 평소 자식을 위해서라면 못할 일이 없다고 생각한 어머니의 마음이, 절체절명 위기의 순간에 자식을 위해 괴력을 발휘하도록 도운 것이라고밖에는 이 일을 설명할 길이 없어 보인다.

이와 같은 방식으로 나는 최면을 통해 '가능한 일'과 '가능하지 않은 일' 사이에 경계가 없다는 것을 보여주고자 했다. 어떤 사람들은 내게 특별한 힘이 있어서 사람들을 마음대로 조종할 수 있다고 생각하지만 사실은 전혀 그렇지 않다. 모든 힘은 우리 마음속에 내재되어 있다. 단지 스스로 깨닫지 못하고 있을 뿐이다. 나는 그저 피최면자가 스스로 할 수 있다거나, 할 수 없다고 믿도록 작은 암시를 걸었을 뿐이다. 그러나 이 암시를 곧이곧대로 받아들인 피최면자는 오직 상상의 힘만으로 자신을 제약했다. 최면을 받아들인 것도, 최면대로 행동하는 것도 모두 피최면자의 뜻이었다. 나는 다만 이러한 상황을 이끌어내도록 돕는 안내자에 불과했다.

내가 청중에게 최면술을 선보인 것은, 그들에게 인간 심리의 한 단면을 보여주기 위해서였다. 사람은 자신이 믿는 대로 행동하려는 경향이 있다. 마찬가지로 주변의 평가에 자신을 맞춰가려는 경향도 보인다. 피그말리온 효과Pygmalion effect가 대표적인 예이다.

피그말리온은 그리스신화에 나오는 조각가로, 그는 아름다운 여인상을 조각한 뒤 그 조각상과 사랑에 빠지고 말았다. 얼마나 사랑이 깊었던지 피그말리온은 조각상을 진짜 살아 있는 여인처럼 대하였다. 이를 지켜보던 여신 아프로디테는 피그말리온의 사랑에 감동하여 여인상에 생명을 불어넣었다. 그의 간절한 믿음이 현실로 이루어진 것이다.

이처럼 '피그말리온 효과'는 타인의 기대나 관심으로 인해 능률이 오르거나 결과가 좋아지는 현상을 말한다. 1968년, 로버트 로젤탈과 레노어 제이콥슨은 미국 샌프란시스코의 한 초등학교 학생들을 대상으로 한 실험에서 이를 증명하였다. 전교생에게 지능 검사를 실시한 후 무작위로 20퍼센트의 학생을 뽑아 교사들에게 이들 20퍼센트의 지능 지수가 높다고 믿게 만들었다. 그리고 8개월 후 이전과 똑같은 검사를 실시하였다. 그 결과 20퍼센트에 포함됐던 학생들은 다른 학생들보다 지능 점수가 높게 나왔고, 동시에 학업 성적도 크게 향상되었다. 이유는 간단하다. 교사가 학생의 가능성을 믿었기 때문이다. 그리고 교사의 기대와 격려를 받은 학생은 더욱 열심히 공부하여 성적이 크게 향상된 것이다.

이처럼 사람들은 사실이든 아니든 어떠한 것을 진실이라고 믿으면 그다음부터는 그것이 사실이고 진실인 양 행동한다. 또한 자신의 믿음을 뒷받침할 수 있는 자료들을 긁어모으기 시작한다. 반면 자신의 믿음에 반하는 자료들은 잘못된 정보로 여겨 대수롭지 않게 치워버린다. 이때 자료의 사실 여부는 중요하지 않다. 혈액형, 별자리, 운세, 성격테스트 등의 각종 신빙성 없는 자료에 마음이 혹하는 것도 같은 이유에서다.

인류는 남녀를 불문하고 일종의 최면 상태에 빠져 있다. 오직 위대한 선지자들과 사상가들만이 이러한 사실을 깨닫고 있었다. 잘못된 믿음은 때때로 자신의 무한한 가능성을 잠재워버린다. 우리는 곧잘 주변에서 "불가능해요", "할 수 없어요", "아마 실패할 거예요"라고 말하는 사람들을 본다. 그들은 지금 엄살을 떨고 있는 것이 아니다. 정말 그렇게 믿고 있는 것이다. 그래서 위대한 선인들은 (표현은 다를지 모르나) 항상 이러한 가르침을 전하였다.

"불가능이란 없다! 믿는 대로 이루어지리라."

많은 사람들이 자신의 생각이 옳다고 여기며 살아가고 있다. 특히 부정적인 생각에 있어서는 더욱 완고한 태도를 보인다. 반면 긍정적인 생각은 늘 '뭐 물론 잘될 수도 있겠지만 실패할 수도 있잖아?', '내가 과연 잘해낼 수 있을까?'와 같은 의혹에 늘 흔들린다. 이와 같이 우리는 잘못된 가정 속에서 살다 보니 우리 안에 잠들어 있는 무한한 잠재력을 깨닫지 못하는 것이다.

만약 내가 어떠한 사실을 굳게 믿고 있다면, 그 누구도 내 생각을 바꿀 수 없다. 생각은 오직 스스로 변화시키는 수밖에 없기 때문이다. 만일 어떤 개인적인 체험이나 학습을 통해 내가 믿고 있던 것이 진실이 아니라는 사실을 받아들이게 된다면, 그때부터는 이러한 믿음 위에서 이루어졌던 모든 행동에 변화의 바람이 불기 시작할 것이다.

나의 발목을 붙잡는 잘못된 신념에서 벗어나기

이제 더 이상 스스로에 대해 자신이 누구보다 잘 알고 있다는 생각을 하지 말라. 지금 이 순간 진실이라고 붙잡고 있는 것들을 더 이상 '진리'로 여겨서는 안 된다. 대신 내면에 웅크리고 있는 잠재력을 표출하는 데 걸림돌이 되던 온갖 거짓된 믿음과 생각들, 그리고 현재 우리가 최면 상태에 있다는 사실에 대해 곰곰이 곱씹어봐야 한다. 그러기 위해서는 과거에 배우고 들은 것들, 그리고 자본주의 사회에서 암암리에 습득하고 체득해온 마케팅 도구이자 대상으로서의 삶을 되돌아봐야 한다.

우리는 부모님의 말씀, 선생님의 가르침, 우리가 읽은 책 속의 지

식을 검증하지도 않은 채 맹목적으로 따르고 있다. 잘못 습득된 지식
이나 가치, 신념들은 우리의 행동을 제약하고, 궁극적으로는 우리의
삶을 잘못된 길로 인도한다. 하지만 미몽에 사로잡혀 있어 이러한 사
실을 전혀 깨닫지 못하고 있다.

그렇다면 이제부터 우리가 해야 할 일은 무엇일까? 우선 '자신이
꿈꾸는 이상적인 존재'가 되지 못하도록 방해하고 있는 최면 상태에
서 벗어나야 한다.

다음 문장을 큰 소리로 읽어보자.

"내가 얼마만큼 깨달을 수 있느냐는 내가 나의 '참된 자아'를 얼마
만큼 받아들이느냐에 달려 있다."

바로 이것이 당신의 삶을 얼마만큼 변화시킬 수 있을지 결정하는
열쇠이다. 인류의 위대한 스승께서는 일찍이 이렇게 말씀하셨다.

"진리를 알지니 진리가 너희를 자유롭게 하리라."(신약성서 요한복
음 8장 32절)

이 책에서 제시하는 많은 개념들은 지금껏 진실이라고 붙잡고 있
는 것들과 정면으로 부딪칠지도 모른다. 심지어 어떤 것은 이상하거
나 비논리적으로 보일 수도 있고, 때때로 여러분의 신념체계에 가혹
한 메스를 들이댈지도 모른다. 당신은 지금부터 내가 하는 말을 의심
할 수도 있으며, 심한 경우 반발할 수도 있다. 받아들이느냐 마느냐는
전적으로 당신의 선택에 달려 있다. 만약 그 선택 앞에서 갈팡질팡하
게 된다면 조금 전에 큰 소리로 읽었던 구절을 다시 되풀이해보기 바

란다. 우리가 '참된 자아'를 얼마만큼 받아들이느냐에 따라 우리의 삶도 그만큼 변할 것이다.

나는 내가 "이것이 진실이다"라고 말했다는 이유만으로 당신이 내 말을 따르기를 원하거나 기대하지 않는다. 만약 지금까지의 방식대로 내 말을 수동적으로만 받아들인다면, 당신은 이 책에서 얻을 것이 하나도 없을 것이다. 당신 스스로 깨달음을 발견하도록 애써야 한다. 낡은 건물이 세워진 장소에 새 건물을 짓기 위해서는 먼저 기존의 건물을 밀어버려야 한다.

당신이 지금까지 갈망해왔으나 실현하지 못했던, 무한한 가능성과 내적 확신으로 가득 찬 삶을 살고 싶다면 그동안 당신의 삶에 족쇄를 채운 잘못된 신념들부터 깨부숴야 한다. 그것이야말로 내가 이 책을 쓴 목적이다.

첫 번째 비밀

우리는 모두 자기최면에 빠져 있다

당신은 자신의 삶에 대해 얼마만큼 자신감을 가지고 있는가? 한치 앞의 미래도 내다볼 수 없는 인생에서 자신감을 갖기란 쉽지가 않다. 하지만 자신감이란 나의 미래가 장밋빛으로 환할 것이라는 무조건적인 믿음을 뜻하지 않는다. 진정한 자신감은 앞으로 어떠한 고난이 닥치더라도 잘 헤쳐나가리라는 굳건한 자기 확신을 뜻한다. 하지만 이는 자기 자신을 잘 모르는 상태에서는 요원한 일이다. 또한 자기 자신을 모르는 사람은 언제나 '잘못된 믿음'에 사로잡혀 자신의 인생을 타인에게 내주고 만다. 마치 미신에 사로잡힌 광신도가 자신의 목숨을 내놓는 것과 같다.

믿음은 우리가 진실이라고 받아들이는 의식적 또는 무의식적 정보들의 총체라고 할 수 있다. 그러나 우리는 때때로 믿음의 감옥에 갇혀 삶의 진실에서 멀어진다. 즉 잘못된 믿음은 우리로 하여금 원하는 것만 보도록 하고, 그 밖의 것은 모두 부정하도록 만든다.

잘못된 믿음을 가지고 있는 사람에게 진실은 다가갈 수 없다. 당신의 주변에도 "내 생각이 무조건 옳아!"라고 주장하는 사람들이 있을 것이다. 그들은 자신의 생각 외에는 어떠한 다른 의견도 받아들이려고 하지 않는다. 자신이 동의할 수 없는 생각들은 모두 자신을 위협하는 사악한 존재로 간주한다. 그는 조금이라도 낯설거나 자신에게 변화를 요구하는 것이라면 무조건 악으로 치부하며 결코 받아들일 수 없다고 손사래를 친다. 반대로 자신에게 익숙한 것은 그것이 자신의 삶을 옥죄는 것이라도 선이라고 믿으며 살아간다. 이러한 사람들은 설사 진실이 고통스럽게 다가오더라도 그 속성상 선하며, 반대로 거짓은 우리가 얼마나 달콤하게 즐기든지 항상 악하다는 사실을 이해하지 못한다. 대신 자신의 믿음을 방어하기 위해 세상으로부터 스스로를 고립시킨 채 견고한 벽을 쌓기 시작한다. 여기서 그 벽의 높고 낮음이나 두께는 중요하지 않다. 어떠한 벽이든 자신을 가두고 진실을 가리고 있다는 점에 있어서는 차이가 없기 때문이다.

미리 정해진 것은 없다, 고로 모든 것이 가능하다

잘못된 믿음을 맹목적으로 좇는 사람은 자신의 생각을 변화시킬 수 있는 선택권을 가지지 못한다. 바로 이 점 때문에 스스로 무지해지는 것이다. 그는 오직 자신이 쌓아올린 장벽 안에 있는 것들만 인식할 뿐, 그 너머에 있는 진실에 대해서는 눈을 감아버린다. 무엇보다 '진실이란 그것을 가두고 있는 그 어떠한 구조물보다 항상 크다'라는 사실을 모르고 있으므로 무지하다.

잘못된 믿음을 신념으로 착각해서는 안 된다. 올바른 신념의 소유자는 세상을 향해 열린 마음을 가지고 있다. 바로 여기에 차이가 있다. 잘못된 믿음은 항상 우리가 답을 알고 있다고 생각하게 하는 반면, 올바른 신념은 아직 우리가 이해하지 못하고 있는 진실이 많다는 사실을 끊임없이 일깨워준다. 따라서 진실에 조금이라도 다가서려면 항상 노력하는 수밖에 없다.

올바른 신념은 '미리 정해진 것'은 아무것도 없다고 말한다. 그러므로 모든 것이 가능하다.

자, 당신은 태어날 때부터 가난했는가? 그래서 앞으로도 평생 가난할 것이라고 생각하는가? 그렇다고 생각한다면 이는 잘못된 믿음이다. 올바른 신념은 이렇게 말한다.

"세상에 불가능한 것은 없다."

나의 잘못된 확신을 인식하기

삶을 근본적으로 변화시키고 싶다면 먼저 문제의 뿌리가 무엇인지부터 이해해야 한다. 많은 사람들이 자신의 확신대로 살아가고 있지만, 이러한 확신은 때때로 우리의 삶을 옭아맨다.

우리가 진리라고 믿고 있는 것들 중에는 사실 그렇지 않은 경우가 많다. 물신주의物神主義가 대표적이다. '돈이 인생의 행복을 가져다준다'는 잘못된 믿음 때문에 수많은 사람들이 물질의 노예로 살아가고 있다. 이러한 잘못된 확신은 현실을 왜곡하고 스스로를 기만하도록 만든다. 사물을 있는 그대로 보지 못하고, 보고 싶은 대로 보게 한다.

당신은 어쩌면 세상에 많은 불만을 품고 있을지도 모르겠다. 그래서 세상이 변해야 한다고 생각할 수도 있다. 하지만 그러기 위해서는 먼저 자기 자신부터 변해야 한다. 왜냐하면 세상의 시초는 바로 '나'이기 때문이다. 당신은, 당신이 없는 세상을 상상할 수 있는가? 없을 것이다. 우리는 자기 자신을 변화시킬 수 있는 만큼만 세상을 바꿀 수 있다. 자신을 변화시키기 위해서는 자신이 어떠한 잘못된 확신에 사로잡혀 있는지부터 깨달아야 한다.

인간의 고통은 대부분 현실과 동떨어진 기대로부터 출발한다. "세상은 이러저러해야 해"라는 잘못된 이상 때문에 실망하고 좌절한다. 또한 자신에 대한 잘못된 기대치나 무엇을 소유하기 위해 '해야 할 그 무엇'으로 인해 고통이 시작되기도 한다. 이를테면 돈, 학벌, 외모, 직업 등이 그런 것들이다.

랠프 월도 에머슨은 "우리는 우리가 온종일 생각한 대로 존재한다"라고 말했다. 만일 당신이 하루 종일 창가에 앉아 지금까지 맛보았던 실패의 경험만을 곱씹고 있다면, 당신은 스스로가 몹시 불행하다고 여길 것이다. 반면 지금까지 경험해온 놀랍고도 멋진 추억들을 떠올린다면 자신이 꽤 성공적으로 살아왔다고 느낄 것이다.

똑같은 경험을 하더라도 그에 따른 결과는 사람마다 다르다. 여기 어린 시절 부모님을 여읜 두 소년이 있다. 한 소년은 커서 사업가가 되어 불우한 이웃을 돕는 반면, 다른 한 소년은 커서 도둑이 됐다. 그렇다면 과연 이들의 인생을 가른 것은 무엇이었을까? 능력일까, 행운일까?

아니다, 둘의 인생을 가른 것은 바로 '생각의 차이'다.

우리의 깨달음을 방해하는 것

그렇다면 이러한 생각의 차이는 어디에서 오는 것일까? 바로 깨달음의 정도에서 온다. 얼마만큼 깨달았느냐에 따라 현실을 이해하는 정도가 달라져서 진실을 받아들이기도 하고 배척하기도 한다. 깨달음의 정도는 지금까지 받아온 교육이나 환경, 가족 관계, 종교, 어린 시절의 경험 등에 의해 결정된다.

그러나 이때 반드시 명심해야 할 것이 있다. 당신이 진실이라고 여겨왔던 많은 것들이 실제로는 그렇지 않을 수도 있다는 사실이다. 여기에는 당신이 지금까지 현실의 토대로 단단히 삼아왔던 신념이나 믿음도 포함된다. 많은 사람들이 스스로가 삶에 대해 어느 정도 깨달았다고 믿고 있지만, 그 자각의 수준은 매우 불완전하며 심각하게 왜곡되어 있다는 사실을 인정하려고 하지 않는다.

물론 자신이 지금까지 발 디뎌온 신념의 토대를 무너뜨리기란 결코 쉽지 않다. 사소한 선입견조차 고치는 것이 달갑지 않으니 어찌 보면 이는 당연한 일이다. 그럼에도 우리는 다음의 사실을 인정할 수밖에 없다.

- 우리의 생각은 불완전하고 왜곡되어 있다. 하지만 우리는 지금까지 그것을 진실인 양 믿어 왔다. 그리고 우리의 생각은 우리의 행동을 통제한다.
- 우리는 겉으로는 변화를 원한다고 말하지만 실상은 싫어한다. 그래서 왜 변화가 불필요한지 끊임없이 핑곗거리를 찾으며 변명을 일삼는다. 충분히 변화가 가능한데도 말이다.
- 우리는 자신의 잘못된 신념을 고수하기 위해 담을 높게 쌓는다. 만약 이와 배치되는 것이 있으면 애써 피하거나 저항하며, 필요하다면 강제 추방도 서슴지 않는다.
- 우리는 무의식과 중추신경계에 잘못된 반응을 축적해두고 있다. 바로 이것이 우리가 기존에 습득했던 양식대로 행동하도록 부추긴다. 어떤 특정한 느낌과 행동에 따라 반응하도록 조건화되어 있는 것이다. 이것은 누군가가 대신 고쳐줄 수 없다. 오직 자기 자신만이 기본적인 성향을 바꿀 수 있다.

머릿속으로는 분명 자신의 삶에서 고쳐야 할 부분이 있다는 사실에 동의할 것이다. 그러나 사람들은 대부분 자신이 처한 상황은 다른 사람들과 좀 다르다고 느낀다. 우리는 누군가가 내 삶의 방식에 대해 지적하면 곧잘 "내 경우는 조금 특별해"라고 반응한다. 하지만 바로이 생각 때문에 우리는 삶의 변화를 이루지 못한다.

예컨대 알코올의존증 환자들을 보면 그들은 술이 자신의 인생을 망치고 있다는 사실을 알고 있다. 하지만 끊임없이 술을 마실 수밖에 없는 상황들에 대해 변명을 늘어놓는다.

"아내와 사별했어요", "평생토록 몸 바쳐온 직장에서 쫓겨났어요", "외로워서 술을 마시지 않으면 견딜 수 없어요" 등등.

그들은 자신이 술을 마실 수밖에 없는 특수한 상황에 처해 있다고 확신한다. 하지만 마치 최면 상태에 빠진 것처럼 '술을 마시지 않으면 안 된다'라고 믿고 있을 뿐이다. 마약중독자, 도박꾼, 섭식장애자들이 대부분 그러하다. 전문적인 치료를 받으면 충분히 극복할 수 있는데도 이를 스스로 거부한다. 그런 뒤에 자신의 행위를 합리화한다. 자신에 대해 얼마나 그릇된 확신을 가지고 있는지 자각하지 못한 채 말이다.

이처럼 '잘못된 확신'은 우리의 깨달음을 방해한다. 하지만 근본적인 문제는 잘못된 확신이 우리의 인식기능을 왜곡한다는 사실을 사람들이 인정하지 않으려는 데에 있다.

가장 큰 무지는 자신이 모르고 있다는 사실조차 모르는 것이다. 그런 의미에서 자신의 무지를 아는 사람은 어느 정도 깨달은 사람이라고 볼 수 있다.

우리는 때때로 우리가 잘못된 관점에서 행동하고 있지는 않은지 자신의 신념을 시험해봐야 한다. 건강한 사고방식을 가진 사람들의 신념체계는 지속적인 개선 과정을 밟는 데 반해서, 신경증적이고 강박적인 성격은 자신의 생각이 심각하게 왜곡되어 있는데도 불구하고 고집스럽게 변화와 개선을 거부한다. 흔히 독선적이고 독단적인 사람들에게서 볼 수 있는 모습이다.

우리의 마음이 그릇된 개념이나 가치들을 받아들이도록 프로그래밍되어 있다면 이는 눈 뜬 장님과 다름없다. 눈앞의 진실을 보지 못한 채 앞으로도 계속 자신의 그릇된 생각들을 정당화하는 방향으로만 생활양식을 전개해나갈 것이다. 하나의 그릇된 신념은 또 다른 잘못으로 이어지고, 결국 더 이상 합리적인 행동을 기대할 수 없도록 만든다. 마치 자신의 꼬리를 물기 위해 뱅뱅 도는 개처럼 말이다.

인식의 지평을 넓혀라

우리의 잘못된 확신들을 제거하기 위해서는 무엇보다 먼저 인식의 지평을 넓혀야 한다. 우리는 인식의 지평을 넓히는 작업을 통해서 더 독립적이고 자신감 넘치는 삶을 살아갈 수 있다. 그러기 위해서는 다음과 같은 훈련이 꼭 필요하다.

- 옳음right과 그름wrong에 대한 개인적 견해를 진리로 착각해서는 안 된다. 누군가 당신의 견해에 대해 정면으로 도전해오면 조건반사적으로 방어하는 행위를 그만둬라.
- 자신의 가치관과 신념, 이상, 목표, 희망사항 등을 재평가하라.
- 자신에게 정말 필요한 것들이 무엇인지 재구성하고 이해하라.
- 자신의 직감을 신뢰하는 법을 배워라.
- 자신의 실수를 관찰할 수 있어야 한다. 그래야 교정이 가능하며, 이 과정에서 인생의 교훈을 얻을 수 있다.
- 자신과 타인을 사랑하라.
- 편견을 버려라. 타인의 의견에 귀를 기울여라. 그러나 이때 상대방의 말을 무조건적으로 받아들여서는 안 되며, 그 말에 숨겨진 진의를 파악할 수 있도록 자신을 훈련해야 한다.
- 자신이 가장 방어적인 순간은 언제인지, 어떠한 사고체계를 지키기 위해 가장 애쓰고 있는지 살펴보라. 혹시 잘못된 믿음에 의한 것은 아닌지 주의를 기울일 필요가 있다.
- 새로운 깨달음은 지금보다 더 나은 삶을 살기 위한 동기와 수단을 제공한다는 사실을 인식하라.

스스로에게 이런 질문을 던져보자.

"내가 믿어 의심치 않는 나의 생각들은 과연 합리적인가? 내가 옳다고 생각하는 것들이 혹시 잘못된 확신에서 온 것은 아닐까?"

평소 이와 같은 질문을 끊임없이 던질 수 있다면, 당신은 매우 객관적인 태도로 자신과 타인을 바라볼 수 있을 것이다. 또한 자신의 신념체계를 흔드는 새로운 지식을 접할 경우 방어하기보다는 곧장 점검해볼 수 있다. 모든 사안들에 질문을 던지고 모든 가능성을 고려해본 뒤에 결론을 이끌어내야 한다.

한 개인이 기꺼이 엄격한 자기시험과 자아인식(여기서 '자아인식'이란 외부의 지식이 내면의 성찰 과정을 거쳐 진정한 내 것으로 흡수된 상태를 말한다)의 요구를 충족시킬 때 긍정적인 해답이 있을 수 있다. 이런 목적을 좇아 살면 자기 자신에 대한 중요한 진리를 발견할 수 있을 뿐만 아니라, 심리적으로도 많은 유익을 얻게 된다. 말하자면 인간으로서 자신의 존엄성에 대한 선서를 하고 의식의 토대를 향해 한걸음 내딛는 것이다.

– 칼 구스타프 융

잠재력과 가능성에 집중하라

모든 변화는 우리의 깨달음을 방해해온 잘못된 믿음을 버리는 데서부터 시작된다. 무척 어렵게 느껴지지만 잘못된 신념체계를 만들어 온 것 역시 자신이므로 불가능한 일은 아니다.

변화는 우리 내부에 있는 무의식과 상상력에 영향을 받는다. 삶을 변화시키고 싶다면 먼저 생각을 변화시킬 수 있어야 한다. 향을 싼 종이에서는 향내가 나고, 생선을 싼 종이에서는 생선 비린내가 나기 마련이듯 당신 내부에 도사리고 있는 그릇된 믿음과 확신을 고치지 못한다면 인생의 변화 역시 있을 수 없다.

먼저 우리가 옳다고 믿어온 것이 다른 사람에게는 그렇지 않을 수도 있다는 사실부터 인정하자. 루이스 캐럴의 《이상한 나라의 앨리스》에서 주인공 앨리스는 토끼 굴에 빠져 자신이 살아온 세상과는 전혀 다른 세상을 만난다. 앨리스는 새로운 세상을 이해하기 위해 기존의 낡고 익숙한 관습을 버려야 했다. 그녀가 접한 세계는 요지경 속으로 지금까지 살아온 세상과 확연히 달랐다. 그런데 토끼 굴의 세계가 이상하다고 말할 수 있을까? 토끼 굴 속에 살고 있는 이들에게는 지금 우리가 살고 있는 세상이 더 해괴망측하고 비정상적으로 느껴질지도 모른다.

이 책을 읽었다면 아마 앨리스가 만난 몇 장의 트럼프 카드도 기억할 것이다. 이들이 어떤 패인지를 알기 위해서는 우선 카드를 뒤집어봐야 한다. 우리의 인생 역시 마찬가지다. 제대로 이해하고 싶다면 완전한 그림을 파악해야 한다.

긍정적인 삶의 변화를 맞이하기 위해 먼저 우리 속에 있는 잠재력과 가능성을 살펴보자. 아직 작동하지 못했을 뿐 녹이 슨 것은 아니다. 이 작업은 우리의 현재와 미래의 각 좌표 사이를, 그리고 현재 우리 삶의 실존적 가치와 미래의 당위적 가치 사이에 다리를 놓는 역할을 할 것이다.

인간이 노예와 같은 삶을 살게 되는 까닭은 무엇보다 무지, 그 중에서도 자신에 대한 무지 때문이다. 자기 자신에 대한 이해가 없는 사람은 항상 외부 영향에 이리저리 흔들려 노예 상태에 머물 수밖에 없다. 고대의 스승들이 자유를 향한 첫 단계로 항상 "네 자신을 알라!"라고 요구한 까닭이 그래서이다.

– 러시아의 영적 스승, 조지 구르지예프^{George Gurdjieff}

우리의 가장 큰 문제점은, 자신이 누구인지 그리고 어떠한 사람이 되고 싶은지를 전혀 모르고 있다는 사실이다. "나는 누구인가?", "내가 궁극적으로 원하는 것은 무엇인가?", "나는 무엇을 좋아하고, 무엇을 싫어하는가?", "나를 정말 기쁘게 하는 것은 무엇인가?" 지금까지 우리는 이와 같은 아주 단순한 물음조차 던지지 않고 살아왔다. 그러면서도 자신이 행복한 미래를 준비하기 위해 항상 바쁘게 살아가고 있다고 믿고 있다.

우리 머릿속에 잘못 새겨진 자아 이미지는 우리가 무한한 잠재력을 발산하는 데 있어서 끊임없이 제동을 건다. 그리고 우리는 마치 새장 속에 갇혀 바깥세상은 전혀 알지 못한 채 주인이 넣어주는 모이나 쪼고 있는 새처럼 살아간다. 그러나 그 새장은 우리 스스로 만든 것이다. 우리는 잘못된 확신으로 인해 우리가 얼마나 가치 있고 재기발랄하며 개성적인 존재인지 전혀 모른 채 살아간다. 우리가 풀어야 할 첫 번째 과제는 바로 이러한 사실을 깨닫는 것이다.

- 사람들은 자신의 삶을 의지로 바꿀 수 있다고 믿지만 의지가 항상 우리의 삶을 이끌어가는 것은 아니다. 오히려 '나는 할 수 있다'라고 믿는 것에 의해 삶이 바뀐다. "불가능이란 없다. 믿는 바대로 이루어진다."

- 당신은 생각보다 강하다.

- 자신감이란 나의 미래가 장밋빛으로 환할 것이라는 무조건적인 믿음을 뜻하지 않는다. 진정한 자신감은 앞으로 어떤 고난이 닥칠지라도 잘 헤쳐나가리라는 굳건한 자기 확신이다.

- 세상의 시초는 다름 아닌 '나'이다. 나 자신이 없는 세상은 상상할 수 없다. 우리는 자기 자신을 변화시킬 수 있는 만큼만 세상을 변화시킬 수 있다.

- 우리는 인생의 변화를 위해 다음의 것을 인정해야 한다.

    - 나 자신의 생각은 불완전하고 왜곡되어 있지만 나는 지금까지 그것을 사실로 받아들여왔다. 그리고 나의 생각은 나의 행동을 통제한다.

    - 스스로 변화를 원한다고 말하지만 실상은 변화를 원하지 않았다. 그래서 변화가 불필요한 까닭을 찾아 변명해왔다. 충분히 변할 수 있는데도 말이다.

    - 나는 나의 잘못된 신념을 고수하기 위해 스스로 높은 벽을 쌓아왔다. 나의 잘못된 신념과 대치하는 것이 있으면 애써 피해왔다.

    - 나의 몸은 잘못된 반응에 익숙해져 있다. 기존에 습득했던 양식대로만 행동하도록 프로그래밍되어 있다.

● 우리의 잘못된 확신을 지우고 자신감을 갖기 위해서는 인식의 지평을 넓혀야 한다. 이를 위해 반드시 해야 할 훈련은 다음과 같다.

－ 옳음과 그름에 대한 개인적 견해를 진리로 착각해서는 안 된다.

－ 자신의 가치관과 신념, 이상, 목표, 희망사항을 재평가하라.

－ 나에게 필요한 것을 재구성하라.

－ 자신의 직감을 신뢰하는 법을 배워라.

－ 자신의 실수를 관찰하라.

－ 나와 타인을 사랑하라.

－ 편견을 버리고, 타인의 의견에 귀를 기울여라. 단, 무조건적으로 받아들이기보다 숨겨진 진의를 파악할 수 있어야 한다.

－ 자신이 가장 방어적인 순간은 언제인지, 어떤 사고체계를 지키기 위해 애쓰고 있는지를 파악하라.

두 번째 비밀

의존, 속박인가 자유인가?

성공적인 자아실현을 위해 우리는 하나의 독립된 인격체로서 스스로를 완성시켜 나가야 한다. 많은 사람들이 자립심이 강한 사람은 타인과의 교류에 관심이 없고 비사교적일 거라고 믿는 경향이 있다. 하지만 이는 오해다. 독립적인 사람은 다만 타인에게 의존하지 않을 뿐 오히려 의존적인 사람보다 타인과의 공감대 형성에 더욱 충실하며, 자아와 타자 간의 균형을 적절히 유지한다. 무엇보다 흥미로운 점은, 이들은 결코 타인을 조정하려 들지 않는다는 것이다. 이는 자기 존재에 대한 확신이 없으면 절대 불가능한 일이다.

상당수의 사람들이 스스로 믿는 바와 달리, 자기 자신에 대해 신뢰하지 못한다. 자신보다 타인을 더 중요하게 생각하기 때문이다. 타인이 더 지혜롭고 근사하다고 믿기 때문에 자신의 안녕과 행복을 타인에게서 구하려고 한다. 의존적인 사람은 항상 외부로 손을 뻗는다. 그는 마땅히 스스로 해야만 하는 일인데도 다른 누군가가 대신 해주기를 갈망한다. 그 대상은 특정한 누군가가 될 수도 있고, 환경이나 조건, 또는 신이 될 수도 있다. 타인을 깊이 의존하기 때문에 끊임없이 타인에게 기대게 되고, 이는 타인을 조종하려는 마음으로 발전한다.

우리는 이러한 자기 파괴적인 습관들이 얼마나 자신감 형성에 방해가 되는지 깨달아야 한다. 자신감은 단순히 스스로를 잘났다고 믿는 것이 아니라 오히려 '용기'에 가깝다.

자신감은 환경이나 조건, 타인의 시선이나 기대로부터 자유로워짐으로써 온전히 독립된 인격체로서 삶을 꾸려나가고자 하는 굳건한 마음이다.

따라서 이런 사람들은 타인의 칭찬에 목말라하기보다는 내면의 목소리에 귀를 기울여, 성공의 실마리를 외부 조건이나 환경이 아닌 자기 안의 잠재력을 깨우고 발전시킴으로써 만들어낸다. 당신은 어떠한가? 만약 자신에 대한 믿음을 가지고 있다면 결코 타인의 장단에 춤추는 일은 없을 것이다.

의존에서 벗어나 나에 대한 확신 갖기

의존하는 습관은 자신의 행복을 타인에게서 찾고자 하는 노예적 근성에서 비롯된다. 이것은 의존적인 사람과 의존하도록 여지를 만들어준 사람 모두를 망가뜨린다. 의존하는 습관은 서로를 이기적으로 이용하려는 토대에서 번성하기 때문에 양쪽 모두가 자신감이 결여되어 있다고 볼 수 있다.

의존성 역시 자기 암시의 함정에서 벗어날 수 없게 만든다. 마음속으로 누군가에게 의존하고 싶다는 생각을 하면 현실에서도 그대로 이루어질 확률이 높다. 게다가 의존성은 한 번으로 끝나지 않고 장애에 부딪칠 때마다 정면 돌파를 꾀하기보다는 번번이 손쉬운 결정에 인생을 내맡겨버리게 만든다.

만약 당신이 스스로 의존적인 사람인지 아닌지 평가하고 싶다면, 이를 알아볼 수 있는 간단한 방법이 있다. 당신은 혹시 습관적으로 타인을 나보다 잘난 사람으로 간주하여 우러러보고 있지는 않은가? "저 사람은 나보다 좋은 대학을 나왔어", "저 남자는 집이 부자야", "저 여자는 나보다 얼굴이 예뻐"라고 생각하면서 "그래서 나는 안 돼"라는 말이 항상 뒤따른다면 당신은 의심의 여지없이 의존적인 사람이다.

이처럼 자신과 남을 끊임없이 비교하는 순간 이미 심리적 노예 상태로 전락하고 만다. 이런 사람은 맹목적으로 매달릴 수 있는 사람이나 조직, 또는 종교만 있으면 자신이 안전할 거라고 여긴다. 개인의 존엄성을 내팽개치고 행복에 대한 책임을 외부로 떠넘겨버린다. 만약 일이 뜻대로 풀리지 않으면 자신이 기대고 있던 대상에게 책임을 물어 비난한다.

의존적인 사람은 필연적으로 주변에 동정을 구걸하면서 끊임없이 자신에게 관심을 가져달라고 호소한다. 새로운 문제에 부딪칠 때마다 스스로 해결책을 찾지 않고 기댈 수 있는 누군가를 찾아 나선다. 자신이 의지하고 있는 사람에게 종속되어 있기 때문에 그들의 충고를 계명처럼 여긴다.

그런데 보통 의존적인 사람은 단 한 사람에게만 의지하지 않고 다수에게 의지한다. 따라서 누구의 충고를 따라야 할지 결정하느라 늘 진이 빠질 수밖에 없다. 설사 선택을 하더라도 혹시 잘못된 선택을 한 건 아닌지 늘 불안해한다.

사람들이 '조언 구하기'에 열을 내고 있다는 사실은 TV나 잡지, 인터넷 등만 봐도 알 수 있다. 소위 전문가라는 사람들이 연애나 결혼, 건강, 직장생활 등 인생 전반에 관한 문제들을 상담해주고 있다. 대부분 공짜이므로 주저 없이 받아들이고 있지만, 우리가 눈치채지 못하고 있을 뿐 사실은 혹독한 대가를 치르고 있다. 여러분 곁에는 10명도 넘는 '무료 상담자'가 상시 대기하고 있을 수도 있다. 이들이 말 한마디를 거들어줄 때마다 당신은 인생의 큰 고비를 수월히 넘어가고 있는 듯한 착각에 빠진다. 당신은 그들에게 감사해 마지않는다.

"당신 말이 모두 옳아요. 저한테 이토록 관심을 가져주다니 정말 고맙군요!"

그런데 정말 그럴까? 당신의 문제에 있어서, 당신보다 더 크게 관심을 갖는 사람은 없다. 게다가 당신에게 조언을 해준 그 사람도 알고 보면 자기 문제를 해결하느라 제 코가 석자인지도 모른다. 따라서 당신의 문제에 대해 진지하게 고민해볼 여유가 없다. 그는 당신에게 가장 시급한 것이 무엇인지, 당신이 지금 당장 무엇을 해야 하는지 결코 알지 못한다. 게다가 대부분의 사람들이 자기 문제도 해결하지 못하고 있는데, 어떻게 자기도 하지 못한 일을 당신이 하도록 조언할 수 있다는 말인가? 그는 그저 당신에게 '친절한 사람'으로 보이고 싶어 애쓰고 있을 뿐이다. 무엇보다 자질을 갖추지 못한 사람이라면, 썩은 이를 치료하기 위해 배관공을 찾아간 것과 같은 결과를 낳는다.

그러나 의존성을 극복하는 일은 결코 만만치 않다. 어릴 때부터 다른 사람들에게 기대온 우리는 의존성을 하나의 습관으로 만들어버렸기 때문이다. 갓 태어난 우리에게 유일하게 할 수 있는 일이란 우는 것밖에 없었다. 어머니가 젖을 물려주지 않으면 아무것도 먹지 못했고, 배변 처리도 늘 누군가가 대신 해주었다. 글자나 숫자를 깨우치는 데도 누군가의 도움이 절대적으로 필요했다. 이처럼 의존성은 우리가 성장하고 배우는 데 지대한 역할을 해왔지만, 이는 결코 개인의 정체성을 말살시키기 위한 것이 아니었다. 우리가 어떤 난관에 부딪치든, 우리 내부에는 이 난관을 뛰어넘고도 남을 만한 충분한 힘이 이미 갖추어져 있다는 사실을 명심해야 한다.

다음 문장을 큰 소리로 읽고 밑줄을 그어두자.

"내가 남에게 기대지 않는 한, 누구도 나를 넘어뜨릴 수 없다."

더 이상 타인에게 의존해서는 안 된다. 의존하지 않는다면 그 누구도 당신을 상처 입히거나 불행하게 만들 수 없다. 결코 당신을 고독하게 만들거나 낙담시킬 수 없다.

자신에 대한 확신을 가진 사람은 그 누구에게도 기대지 않는다. 그는 자신의 잠재력에 대한 확고한 믿음을 갖고서 삶의 무수한 도전에 정면으로 맞선다. 당면 문제 앞에서 우물쭈물하거나 회피하지 않는다. 그리하여 자신의 삶이 그릇된 믿음이나 외부 상황에 지배당하는 것을 단호히 배격한다. 자신을 스스로 통제할 수 있음을 알기 때문에 근심 걱정에 대해서도 자유롭다. 그리고 무엇보다 자신이 무엇을 해야 할지 알고 있어서 자신이 처한 상황을 왜곡하지 않고 있는 그대로 바라본다.

인정받고자 노력하는 대신 해야 할 일

잠시 어린 시절을 떠올려보자. 우리는 주변에서 일어나는 일을 잘 알지도 못했고, 신경 쓰지도 않았다. 우리의 관심은 오직 자신의 행복뿐이었다. 정신적으로도 육체적으로도 미숙하였기 때문에 타인에게 기댈 수밖에 없었다. 가장 큰 행복은 배불리 먹고, 누군가의 보살핌을 받고, 아낌없이 사랑받는 일이었다. 타인으로부터 얼마만큼 관심을 끌어낼 수 있는지가 당면 과제였다.

일단 울기 시작하면 어른이 달려온다는 사실을 재빨리 알아차렸다. 어른은 나의 바람을 기꺼이 들어준다. 심지어는 심심해서 울어도 누군가가 당장 나타나 딸랑이를 흔들며 달래주었다. 우리는 울음뿐만 아니라 웃음의 효과도 학습하였다. 안아주면 웃고 내려놓으면 울어야 한다는 사실을 금세 알아차렸다.

타인을 조종하는 이 간단한 행동은 이후 우리 삶의 보폭을 결정하였다. 우리의 유년기는 다른 사람에게 좋은 인상을 주고, 그들의 관심을 유도하는 기술을 개발하는 데 쓰였다. 아주 어린 시절부터 타인에게 인정받기를 갈구해온 나머지 타인으로부터 인정받지 못하면 거부당하고 있다는 생각을 갖게 되었다.

여기에는 부모의 역할 역시 단단히 한몫했다. 현대사회의 문제점 중 하나는 부모가 자녀를 위해 대신 해주는 일이 너무 많다는 것이다. 사랑하는 자식을 위해 무엇이든 해주고 싶은 부모의 마음에는 잘못이 없다. 하지만 이는 자녀에게 책임감을 길러주지 못하는 결과를 낳았다.

아이는 인생을 살아가기 위한 필수 덕목인 책임감이나 독립심, 자신감 등을 배워야 할 시간에 오직 타인에게 기대고 의존하는 법만 배웠다. 부모는 자신의 이러한 행동이 소중한 아이의 장래에 얼마나 치명적인 악영향을 끼칠지 깨닫지 못한 채 맹목적인 사랑을 반복한다. 이런 일은 유독 인간세계에서만 나타나는 현상이다. 다른 동물들을 보라. 대부분의 동물들은 새끼가 어느 정도 자라면 내쫓아서 스스로 살아가도록 한다. 아무리 사랑하더라도 인생을 대신 살아줄 수 없다는 진리를 동물들도 알고 있는데 유독 인간만 깨닫지 못하고 있다.

부모가 자녀에게 줄 수 있는 가장 큰 선물은 자녀가 자신감을 가질 수 있도록 도와주는 것이다. 그런데 아이가 자신감을 가지려면 성장기 전반에 걸쳐 자기 나이에 합당한 책임감을 부여받아야 한다. 스스로 책임질 수 있는 일이 늘어나면서 삶에 대한 자신감 역시 커진다. 인간의 존엄성은 타인에게 의존하고 있을 때는 결코 주어지지 않는다. 그것은 세상의 중심에서 오직 자신의 힘만으로 삶을 꾸려나갈 수 있을 때 주어진다. 그리고 이때 느끼는 삶의 기쁨은 그 어떤 것과도 비교할 수 없을 만큼 크다.

만약 자녀가 있다면 자녀가 실수하는 것을 두려워해서는 안 된다. 실수 없이 배울 수 있는 것은 아무것도 없다. 실수는 소중한 경험이다. 아이에게 실수를 허용하지 않고 항상 대신 해준다면, 이는 아이의 삶을 가로채는 것과 다름없다. 아이는 성인이 돼서도 "나는 못해요! 못하겠어요!"라고 말할 것이다. 나는 주변에서 많은 부모들을 봐왔다. 어떤 부모들은 아이가 제 일을 스스로 할 수 있도록 끊임없이 용기를 북돋는다. 하지만 어떤 부모들은 아이가 충분히 할 수 있는 일인데도 불구하고 대신 해주지 못해서 안달한다. 그것도 사랑이라는 미명 아래 말이다.

간단한 예를 하나 들어보자. 아이가 윗옷의 단추를 채우기 위해 끙끙거리고 있다. 아이는 고사리 같은 손으로 어떻게든 단추를 채우려고 애쓰지만 번번이 실패한다. 이때 당신은 어떻게 할 것인가? 먼저 포기하는 것은 아이가 아니다. 아이가 스스로 단추를 채울 때까지 기다리지 못하는 쪽은 항상 부모다. 만약 당신이 냉큼 달려가 아이의 손을 치워버리고 순식간에 단추를 채워준다면 이때 아이가 느낄 절망감을 이해할 수 있는가? 아이는 어떻게든 제힘으로 단추를 채우려고 노력했다. 그런데 그 노력이 수포로 돌아간 것이다. 그보다 더 큰 상처는 아이의 마음속에 새겨졌을 무력감이다.

'아, 내가 그토록 힘들어하는 일을 누군가는 이토록 간단히 하는구나. 내가 잘할 수 있는 일은 아무것도 없어.'

당신은 언제까지 아이의 단추를 대신 채워줄 것인가? 물론 평생토록 채워줄 수도 있다. 하지만 아이의 학교나 직장 생활, 더 나아가 결혼까지 대신 해줄 것인가? 부모의 가장 큰 책무는 자녀의 일을 대신 해주는 것이 아니다. 아이가 타인에게 의존하던 것을 점차 줄여나가 세상에서 제 몫을 할 수 있을 때까지 참을성 있게 기다려주는 일이다.

물고기를 잡는 방법

나는 늦어도 자녀가 20세가 되면 부모로부터 독립시켜야 한다고 생각한다. 그러나 많은 부모들이 논리적인 근거를 들어 이를 반박할 것이다.

"그래도 학업을 마칠 때까지는 도와줘야죠."

"아직 어린애들인데 독립을 시키다니요. 걔들이 뭘 할 수 있겠어요? 하다못해 제 손으로 양말 하나 빨지 못하는데."

"제가 한 고생을 아이 역시 겪게 하고 싶지 않아요. 기반이 잡힐 때까지 물심양면 돕는 게 부모의 역할이지요."

이 모든 것은 일견 자녀를 위해 헌신하는 것처럼 보이지만 사실은 자기만족일 뿐이다. 자녀가 자신의 품을 떠날까봐 두려워하면서 끊임없이 자녀가 자신만의 독자적인 세계로 들어가는 것을 지연시키고 있는 것이다. 이는 아이가 평생 의존적인 삶을 살도록 몰아가는 것과 다를 바 없다.

자신의 행동이 자녀에게 족쇄를 채우는 건 아닌지 항상 주의해야 한다. 역사상 성공한 인물들을 보면 대부분 불우한 환경에서 어렵게 자란 경우가 많았다. 어린 시절에 부모와 결별했거나 집이 가난하여 원조를 받지 못한 경우가 허다하다. 그들은 원했든 원하지 않았든 어릴 때부터 타인에 대한 의존성을 끊을 수밖에 없었다.

의존성은 부모자식 간에만 해당하는 것이 아니다. 만약 누군가가 충분히 스스로 할 수 있는 일인데도 불구하고 당신이 대신 해주고 있다면, 그 사람의 소중한 무언가를 훔쳐가고 있는 것이다. 그를 돕고 있다는 착각에 빠지지 마라. 당신이 아무리 그들을 사랑하더라도 그들의 삶을 대신 살아줄 수는 없다. 그들의 짐을 대신 짊어지려고 해서는 안 된다. 그것은 그들의 인생을 망치는 일일 뿐이다. 누가 누구의 짐을 대신 짊어질 수 있단 말인가? 그것은 신조차 불가능하다.

이는 자녀나 배우자, 또는 모든 사람들에게 아무런 도움도 베풀어선 안 된다고 말하는 것이 아니다. 사람들이 자신의 성장과 발전을 위해 필요하다고 느끼는 것을 스스로 할 수 있게끔 자유를 허용해야 한다는 뜻이다. 무조건 주는 것은 돕는 게 아니다. 그보다는 스스로 이룰 수 있도록 격려하는 편이 훨씬 좋다. 특히 재정적인 도움은 매우 조심해야 한다. 돕고 싶은 마음 자체는 문제가 아니지만 물질적인 지원이 상대에게 어떠한 영향을 끼칠지는 염두에 둬야 한다. 예를 들어 집에서 빈둥거리며 직장을 구할 생각이 전혀 없는 백수 자녀에게 용돈을 쥐어주는 것은 아무런 의미가 없다. 그저 자녀의 백수생활을 연장시킬 뿐이다.

자립심을 기르지 못한 사람은 자신이 원하는 것을 얻기 위해 타인을 조종하려고 한다. 이때 가장 만만한 상대가 부모다. 《탈무드》에서는 "자녀에게 물고기를 주지 말고, 물고기를 잡는 법을 가르치라"고 말하였다. 그러나 우리 주변에는 물고기를 대신 잡아주는 것도 모자라 직접 요리해서 입에 넣어주기까지 하는 부모가 너무나 많다. 인생에서 무임승차는 없다. 모든 일에는 반드시 결과가 뒤따른다. 만약 의존적인 습관을 계속 이어간다면 그에 대한 대가는 스스로 치러야 할 것이다. 그것만큼은 누가 대신 해줄 수 없다.

인생의 결정권자는 자기 자신이다

자라면서 자신과 관련한 의사결정은 항상 스스로 내렸는가? 대부분의 사람들이 그렇지 못했을 것이다. 어른들이 우리의 의사결정 기회를 종종 빼앗았기 때문이다. 진로, 취미, 음식, 진학 등을 비롯하여 심지어는 옷 색깔이나 헤어스타일까지 우리는 사사건건 간섭을 받았다. 설사 우리가 스스로 의사결정을 내리거나 의견을 말하더라도 묵살되기 일쑤였다. 부모님은 항상 우리 인생의 최종 결정권자였다. 우리는 그저 부모님의 요구에 동의하거나 기대에 벗어나지 않기 위해 애썼을 뿐이다.

그러나 성인이 되면 원하든 원치 않든 스스로 최선의 결정을 내려야만 한다. 그때를 위해서라도 어린 시절부터 스스로 의사결정을 하고 타인에게 의존하지 않는 습관을 길러야 한다. 그러나 불행하게도 우리의 가정과 제도권 교육에서는 이런 습관을 기를 수 있는 기회를 쭉 무시해왔다. 우리가 타인에게 기대고 자신과 관련한 의사결정마저 넘겨주게 된 것도 바로 이 때문이다.

어렸을 때부터 무조건 순종하는 습관을 길렀거나, 불순종에 따른 가혹한 처벌을 경험한 사람들은 성인이 돼서도 쉽사리 의사결정을 내리지 못한다. 이들은 삶에 대한 손쉬운 접근방식으로 굴종을 선택해버렸다.

굴종은 자기 파괴적인 습성이다. 굴종에 익숙해지면 인생 목표를 설정하거나 추구하는 일이 거의 불가능해진다. 그런데 중요한 사실은 굴종의 습성에 젖어 있더라도 자아실현의 욕구는 고스란히 남아 있다는 것이다. 그러다 보니 타인의 승인 욕구에 사로잡혀 끊임없이 사람들 사이를 뛰어다니며 찬사와 지지를 얻기 위해 노력하게 된다. 그래야 자신의 인생이 성공한 것 같은 기분이 들기 때문이다. 어릴 때는 부모님과 선생님에게, 성인이 돼서는 직장상사와 동료들에게, 결혼을 한 뒤에는 배우자와 자녀들에게서 자신의 존재감을 확인하려고 든다.

이들은 항상 "잘한다, 잘한다" 하고 자신의 머리를 쓰다듬어줄 누군가를 필요로 한다. 그리고 만약 아무도 자신에게 관심을 갖지 않으면 자신의 삶이 실패했다고 여긴다. 이때 그의 빈약한 자존감은 회복할 수 없을 지경으로 낮아진다. 그는 끊임없이 타인의 꽁무니만 쫓아다니느라 자신의 성공과 행복을 일궈나갈 시간이 없었기 때문에 모든 선택에 대한 책임 역시 자연스레 회피하게 된다. 항상 누군가의 말을 따르기 때문에 혹여 결과가 나쁘더라도 그들을 비난하면 그뿐이다. 실제로 이런 사람들은 타인의 의견 없이 자신의 삶에 대해 진지하게 접근해보라고 하면, 무엇을 어떻게 해야 하는지 도저히 갈피를 잡지 못한다. 혼자 힘으로는 아무것도 결정하지 못하고, 무슨 일을 하더라도 자신이 아닌 타인에게 인정받기 위해서 일한다.

자신이 탄 보트가 흔들리는 것을 좋아할 사람은 없다. 누구나 자신의 인생이 평온하기를 바란다. 그렇다면 타인의 손을 바라볼 것이 아니라 내 손으로 힘차게 노를 저어야 할 것이다. 용감하다는 말의 반대말은 비겁함이 아니라 굴종이다. 결코 타인에게 인생의 주도권을 넘겨줘서는 안 된다.

경쟁보다 나 자신에게 더 집중하라

자존감이 낮은 사람은 끊임없이 타인과 자신을 비교한다. 스스로 생각하기에 자기보다 더 잘난 사람이 있다 싶으면 두려워서 어쩔 줄을 몰라 한다. 영원히 그를 따라잡을 수 없을 거라는 불길한 예감에 사로잡힌다. 반대의 경우도 마찬가지다. 자기보다 못난 사람을 보면 그가 나를 언제 따라잡을지 모른다는 두려움에 사로잡힌다. 당신은 어떠한가? 혹시 위로는 직장상사의 눈치를 살피고, 아래로는 부하직원의 성과에 대해 잔뜩 경계하고 있지 않은가? 지위가 높아지면 괜찮아질 거라고 생각하지 마라. 추락에 대한 두려움만 커질 뿐이다.

이런 부류의 사람들은 인생에서 성공할 수 있는 유일한 길이 경쟁에서 이기는 것이라고 생각한다. 늘 누군가를 따라잡는 데 골몰하기 때문에 정작 자신에 대한 성찰이나 고민은 뒷전이다. 그러나 모든 형태의 경쟁은 적대적이다. 선의의 경쟁이라고 말할지 모르지만, 그 주요 동기는 '비교'에서 비롯된다. 내 기준이 아니라 누군가와 비교했을 때 내가 더 잘해야만 이기는 것이다. 그런데 우리는 이 땅에 경쟁하려고 태어난 것이 아니라 창의성을 발휘하기 위해 태어났다.

만약 당신이 무슨 일을 하는 데 있어서 항상 경쟁이 동기였다면, 결국에는 이 경쟁심 때문에 패배하게 될지도 모른다. 다음의 말을 명심하기 바란다.

"나는 나를 위해 존재할 뿐 다른 누군가를 상대로 존재하지 않는다!"

당신이 인생에서 원하는 것은 무엇인가? 이 세상에 태어난 유일무이한 존재로서 스스로에게 가치 있는 삶을 영위하고 싶을 것이다. 세상이 약육강식의 정글처럼 보일지라도, 그것은 경쟁의 필요성을 느끼는 자에게만 경쟁적일 뿐이다. 우리는 경쟁을 성장 동인으로서 지지하는 학습만 받아왔기 때문에 내 말에 반감을 가질 수도 있다. 또한 경쟁에 대해 어떻게 생각하느냐고 물으면 우리 대부분은 아주 확신에 차서 경쟁은 인생의 필수 요소라고 대답할 것이다.

많은 사람들이 경쟁이야말로 삶의 의미와 목적, 방향성을 제시한다고 여긴다. 그리고 모든 일에 대해서 '잘해냈을 때'라는 보상이 필요하다고 여긴다. 하지만 인생의 보상은 '무언가를 하는 그 자체'에 있지 최종적인 결과에 있지 않다는 사실에까지는 생각이 미치지 못한다.

우리가 경쟁에 대해 착각하는 것이 또 하나 있다. 스스로에 대한 자신감이 넘치는 사람은 경쟁심 또한 자연히 높을 거라고 생각한다는 점이다. 하지만 이는 사실이 아니다. 우리는 자신에 대한 확신이 없을 때만 남들과 경쟁하려고 한다. 그런데 우리는 왜 이토록 경쟁을 하려고 할까? 이는 타인을 모방해야 할 필요성을 느낀 데서부터 비롯된 것이다. 우리의 유년기를 살펴보자. 우리는 육체적으로도 정신적으로도 어른보다 열등할 수밖에 없었다. 우리는 끊임없이 타인과 나를 비교했다. 프로이트에 따르면 딸은 엄마와, 아들은 아버지와 자신을 비교한다. 이러한 열등감은 곧 모방으로 향하게 된다. 끊임없이 상대와 자신을 비교하며 때로는 경생하고 때로는 모방했다.

경쟁심이 강한 사람은 타인이 자기보다 우월하다고 느끼면, 실제로는 그렇지 않다는 사실을 증명하기 위해 안간힘을 쓴다. 이런 사람들은 항상 자신을 주변 누군가와 비교하고 있다. 이들에게는 늘 자신이 얼마나 잘하고 있는지를 증명해줄 사람이 필요하다. 결국 본질적으로 자신에 대한 확신을 갖지 못해서 경쟁하고자 하는 것이다.

반면 자신감이 넘치는 사람은 경쟁의 필요성을 느끼지 못한다. 타인이 무엇을 하는지 두리번거리거나 힐끔거리지 않는다. 다른 사람보다 자신이 훌륭해져야 한다고 생각하지도 않는다. 묵묵히 자신의 인생을 살아갈 뿐이다. 그들의 관심은 타인에게 있지 않다. 자신이 무엇을 하고 싶어 하는지, 무엇을 잘하는지 오직 그것만 생각한다. 그가 만약 경쟁을 한다면 그 상대는 자기 자신뿐이다.

칭찬 중독에서 벗어나기

대부분의 사람들이 칭찬이라면 사족을 못 쓴다. 경쟁에 심취해 있을수록 더욱 심하다. 칭찬 한 마디를 듣기 위해 돈을 쓰고, 일에 매달리고, 육체와 정신을 혹사시킨다. 마약중독자에게 헤로인 주사가 필요하듯, 칭찬중독자들은 칭찬을 듣기 위해서라면 어떠한 희생도 감수할 수 있다. 칭찬을 통해서만 자신의 존재를 긍정하고 인생의 보람을 느낄 수 있기 때문이다.

당신이 칭찬을 좋아한다면 당신은 끊임없이 자신의 가치를 증명하고 싶은 욕구에 시달릴 것이다. 만약 실수를 하거나 기대치에 못 미친다는 생각이 들면 자신이 열등하다고 느낄 것이다. 문제는 여기에서 그치지 않는다. 타인의 칭찬을 듣기 위해 '했어야 할 그것'을 하지 못한 데 대해 죄책감을 느껴 급기야는 자신을 비난하기에 이른다.

칭찬중독자들은 끊임없이 자신에게 "내가 지금 잘한 게 맞지"라고 질문한다. 그러나 불행하게도 우월해야 한다는 강박증이 오히려 실수를 부를 때가 많고 그때마다 좌절하고 만다. 설사 실수 하나 없이 모든 일을 잘하고 있더라도 만족하지 못한다. 왜냐하면 아무리 높은 위치에 올라서더라도 거기에는 늘 자신보다 더 뛰어난 사람이 있기 때문이다. 그들은 우리보다 돈도 많고, 집도 크고, 사회적 지위도 높고, 얼굴도 근사하게 생겼다. 영원히 이길 수 없는 게임에 인생이라는 판돈을 걸고 있는 셈이다.

그렇다면 우리를 마치 꿀단지 주변을 날아다니는 파리떼처럼 행동하게 만드는 칭찬의 정체는 도대체 무엇일까?

칭찬에는 어린 시절의 경험이 주요한 요인으로 작동한다. 부모님은 우리가 순종적이고 고분고분하면 상을 주고, 말을 듣지 않거나 반항하면 벌을 내렸다. 칭찬과 비난은 부모님이 우리에게 자주 사용한 효과적인 통제 수단이었고, 이 같은 상벌제도는 우리의 잠재의식에 깊숙이 스며들었다. 이에 따라 우리는 성장한 후에도 칭찬이나 비난에 자동적으로 반응하게 되었다. 유년기의 대부분을 부모님을 기쁘게 해드리는 데 소비한 것처럼, 우리는 어른이 돼서도 타인의 마음에 드는 삶을 살기 위해 허덕이고 있는 것이다.

물론 칭찬은 용기를 북돋고 성취 의욕을 고양시킨다. 하지만 칭찬을 통해 어떤 사람의 행위를 그 사람의 존재 자체와 동일시하게 되면 문제는 달라진다. 예를 들어 "수학시험에 100점을 받다니 참 똑똑하구나"라고 아이를 칭찬했다고 해보자. 이 말을 반대로 해석해보면 결국 '수학시험에서 100점을 받지 못하면 똑똑하지 않은 사람'이 되는 것이다. 아이는 다음 시험에서 또 100점을 받지 못할까봐 초조해한다. 그리고 100점을 받지 못하면 상대를 실망시켰다는 생각과 함께 죄책감을 느낀다.

만약 이때 "열심히 노력하더니 수학시험에서 100점을 받았구나. 축하한다"라고 말해줬더라면 아이의 반응은 달라졌을 것이다. 이 말에는 아이에 대한 어떠한 가치 평가도 없다. 아이의 기분을 충분히 만족시켜주면서도 말이다.

일반적으로 우리의 믿음과 달리 아이를 상벌제도에 기초하여 키우는 것은 낮은 자존감을 고착시키는 결과를 낳는다. 칭찬을 듣기 위해, 또는 벌을 받지 않기 위해 계속해서 주변의 눈치를 살피다 보면 자신만의 가치 기준을 세울 수 없다. 결국 인생 전반에서 맞부딪치는 여러 현안들에 대해 제대로 된 판단력을 갖추지 못하고, 늘 타인에게 의존할 수밖에 없게 된다.

아이는 잦은 실수를 반복하면서 자신의 생각이나 행동에서 문제점을 발견하고, 이에 대한 해결책을 모색하는 과정을 통해 점차 성숙해간다. 아이에게 실수란 가능하면 하지 않는 편이 좋은 것이 아니라 오히려 내적 성장을 위해 반드시 거쳐야 하는 징검다리이다.

아이가 실수를 통해 스스로 교훈을 얻을 수 있도록 여지를 줘야 한다. 또한 이러한 깨우침은 가능한 빨리 얻는 게 좋다. 일단 한 번 저지른 실수는 다음부터 되풀이하지 않을 가능성이 높기 때문이다.

칭찬보다 긍정

결과적으로 칭찬하는 사람은 당신 삶의 상당 부분을 통제할 수 있는 위치에 오른다. 이들은 당신이 자신들의 마음에 흡족할 때는 칭찬을 한다. 하지만 한 단계 성장하기 위한 시행착오를 하면, 칭찬을 싹 거둬 죄책감에 사로잡히게 만든다. 이들은 누구보다 잘 알고 있다. 죄책감을 느끼게 만들면 당신이 다시 칭찬받기 위해 무슨 일이라도 물불을 가리지 않고 해내리라는 것을 말이다.

당신은 자유로운 영혼을 꿈꾸는가? 그렇다면 당장 칭찬의 함정에서 빠져나와야 한다. 먼저 타인을 자신의 머리 위에 올려놓는 일부터 중단하라. 무슨 이유에서건 열등감에 시달리지 마라. 그것만 그만두어도 더 이상 타인의 인정을 구하지 않고, 칭찬에 혹하거나 비난에 겁

먹지 않을 수 있다.

반대로 당신이 타인을 칭찬할 때도 세심한 주의를 기울여야 한다. 칭찬하지 말고 긍정하라. 여기에서 말하는 긍정이란 찬사나 가치 판단이 포함되지 않은, 사실적인 관찰과 인정을 뜻한다. 말 그대로 어떤 사람이 자신의 인식 수준 내에서 최선을 다했다는 것에 대한 수긍이다. 칭찬과 긍정의 가장 큰 차이는 가치 판단의 유무다. 만약 당신이 누군가에게 "나한테 돈을 빌려주다니 참 괜찮은 사람이군요"라고 말했다면, 그것은 반대로 '돈을 빌려주지 않으면 별로인 사람'이라고 말하는 것과 같다.

그렇다면 칭찬을 통하지 않고 어떤 식으로 호의를 전할 수 있을까? 예를 들어 설명해보겠다. 한 아이가 당신에게 신문을 가져다주었다고 하자. 이때 여러분은 "내게 신문을 가져다주다니 참 착하구나"라고 말해서는 안 된다. 대신 이렇게 말하면 된다.

"신문을 가져다줘서 고마워. 너의 친절이 정말 고맙구나."

이렇게 하면 아이에게 어떠한 가치 판단도 하지 않고서 고마움을 전할 수 있다.

모든 사람들이, 그 중에서도 특히 어린아이들은 달콤한 칭찬보다 진심어린 긍정에 더욱 적극적으로 반응한다. 아이들은 어른에 비해 자신이 부족한 존재라고 여기기 마련이다. 이때 "너는 너 자체로서 이미 완성된 인격체이며, 나는 너의 생각과 선택을 존중한다"라고 말하면 아이는 내면 깊숙한 곳에서 자신감을 형성할 수 있다. 주변 사람들의 삶 속에서 자신이 차지하는 어느 특별한 모퉁이를 발견해내는 것이다. 성인도 마찬가지다. 특정한 행위를 칭찬하기보다 그의 존재를 온전히 긍정하라. 그러면 타인의 기준에 이르건 이르지 못하건 자신이 특별하고 가치 있는 존재라고 느낄 것이다.

누구의 간섭도 받지 않을 용기

우리는 의존함으로써 치르게 되는 대가가 얼마나 비싼지, 그리고 우리가 타인으로부터 인정받기 위해 얼마나 많이 애쓰고 있는지에 대해 살펴보았다. 정말 바라던 일조차도 가족이나 친구, 직장동료 등의 주변 눈치를 보며 주저했고, 혹시라도 그들에게 외면당할지 모른다는 두려움 때문에 잠재력을 펼칠 수 있는 기회들을 하나하나 흘려보냈다. 하지만 이 사실을 잊지 마라. 당신이 원한다면 당신은 언제든지 그 속박에서 벗어날 수 있다. 문제의 핵심은 타인에게 있지 않고, 자기 자신한테 있다. 이제 인생에 대한 책임을 타인에게 떠넘기지 말고 스스로 짊어질 때가 되었다.

당신은 일차적으로 자신의 육체적, 정서적 평안함을 확보하기 위한 내면의 목소리에 귀 기울이지 않았다는 점에 책임을 져야 한다. 스스로 속박을 깨지 않는 한 상호의존적인 상황만 더욱 심화된다. 이는 당신은 물론 당신이 의존하고 있는 사람들에게까지도 족쇄를 채우는 일이다. 상처받을까봐 두려워하지 마라. 당신이 독립된 자아로서 누구의 간섭도 받지 않는 자신만의 삶을 꾸리게 되면, 사람들은 당신을 새로운 눈으로 바라보게 될 것이다. 그때는 칭찬이 아닌 존경을 받을 것이다.

물론 이는 의존, 조종, 굴종, 비교, 경쟁 등의 잘못된 신념에서 자유로워지지 않는 한 불가능한 일이다. 자유를 위해 이 모든 것을 끊어내겠다는 결단을 내릴 때 비로소 당신의 삶은 충만해질 것이며, 원하는 대로 자신감 넘치는 사람이 될 수 있을 것이다.

자, 이제 다시 묻겠다. 속박인가? 자유인가? 선택은 당신에게 달려 있다.

- 자신감은 단순히 스스로를 잘났다고 믿는 것이 아니다. 자신감은 용기다. 환경이나 조건, 타인의 시선이나 기대로부터 자유로워짐으로써 온전히 독립된 인격체로서 삶을 꾸려가고자 하는 마음이다.

- 내면의 자신감을 키우기 위해서는 다음을 명심하라.

  - 다른 사람의 칭찬에 연연하지 마라.

  - 내면의 목소리에 귀를 기울여 내 안의 잠재력을 깨우고 발전시킴으로써 성공의 실마리를 찾아라.

  - 큰 소리로 "내가 남에게 기대지 않는 한, 누구도 나를 넘어뜨릴 수 없다"라고 말해보자.

  - 경쟁이나 비교에 마음 쓰지 말고 자신의 존재를 있는 그대로 긍정하라.

  - 나 자신의 힘으로 삶을 꾸려나갈 수 있을 때 나의 존엄성이 깨어난다는 사실을 늘 마음에 새긴다. 그리고 이를 통해 느낄 수 있는 삶의 기쁨을 누려라.

  - 인생의 평안은 오직 내 손으로 직접 노를 저었을 때만 얻을 수 있다는 것을 기억한다.

- 경쟁은 오직 비교에서 시작된다. 내 기준이 아니라 누군가와 비교했을 때 자신이 더 잘해야 한다는 것이다. 하지만 우리는 경쟁이 아니라 온전한 창의성을 발휘하기 위해 태어났다.

세 번째 비밀

자존감, 자신을 받아들이는 지혜

자존감을 갖추기 위해서는 우선 자기 자신부터 인정할 수 있어야 한다. 우리는 스스로에 대한 평가보다 더 나아질 수 없기에 자신에 대한 정확한 평가는 자기 확신을 이루는 데 아주 중요한 요소가 된다. 여기서 자기평가란 결국 내가 나를 어떻게 느끼고 있는가를 의미한다. 이는 평소에는 우리가 의식하지 못하는 것으로 어린 시절부터 프로그래밍된 것이다.

긍정적인 자존감은 어느 개인의 재능이나 성취에 대한 가치판단이 아니다. 그것은 인격적인 자기수용이다. 긍정적인 자존감을 계발하는 것은 결코 이기적인 행동이 아니며, 또한 자기중심적인 관점에서 스스로를 사랑하라는 것도 아니다.

자신이 특별하고 가치 있는 존재라는 사실, 즉 자신이 이룬 성과나 소유물로 타인에게 깊은 인상을 줄 필요가 없다는 사실만 깨달으면 된다.

사실 자기 자랑을 늘어놓거나 허풍이 센 사람은 대체적으로 자존감이 낮은 경우가 많다. 또한 지도자나 발명가, 예술가 등 대중으로부터 많은 지지와 존경을 받아온 사람들의 경우에도 자존감이 매우 높아 보이지만 항상 그렇지만은 않다. 인류사회에 많은 공헌을 해온 사람들도 알코올이나 약물 중독, 우울증, 정신분열 등으로 고통받아온 예가 수두룩하다. 심지어는 자아 도피를 위해 자살이라는 극단적인 선택을 하기도 했는데, 이들은 모두 낮은 자존감의 희생자이다.

자존감을 세우는 일은 행복의 문제에 그치지 않는다. 자존감은 인생 전체를 뒷받침하는 토대라 할 수 있다. 만약 스스로 자유로운 존재가 되어 원하는 인생을 살고자 한다면 이 문제를 보다 진지하게 받아들여야 한다. 그렇지 않으면 당신은 원하는 삶을 살아갈 수 없을 뿐더러 나이를 먹을수록 자존감은 더욱 낮아져 불행한 삶으로 내몰릴 것이다. 결국 자살로 인생을 마감한 수많은 사람들처럼 자신의 인생에서 아무것도 기대할 것이 없어질 수도 있다.

자존감을 높이려면 인생의 궤적을 살펴라

자존감을 높이는 가장 좋은 방법은, 자신의 낮은 자존감이 어떤 궤적을 따라 형성되어 왔는지, 그리고 그것이 타인에게 어떠한 형태로 드러나는지 이해하는 것이다. 이것이 선행되면 당신은 자존감을 높이기 위해 무엇을 해야 할지도 저절로 깨달을 수 있다.

그렇다면 왜 자존감이 낮은 것일까? 낮은 자존감의 원인은 크게 다음 세 가지로 요약할 수 있다.

첫째, 부모님으로부터 주입된 자기 파괴적인 생각과 신념, 가치들.

둘째, 학창 시절에 겪었던 선생님이나 적성분석 검사, IQ 테스트 등 거짓되고 왜곡된 일련의 인색한 평가체제들.

셋째, 과도한 죄책감과 자기비하에 초점을 맞춘 부정적인 종교 세계관과 그에 따른 제약.

그밖에도 낮은 자존감을 제공하는 여러 요소들이 있을 수 있다. 이런 요인들을 구체적으로 살펴보자.

너는 나쁜 아이야!

먼저 부모님은 우리의 낮은 자존감 형성에 어떻게 영향을 끼쳤을까? 우리의 낮은 자존감의 뿌리를 거슬러 올라가면 필연적으로 부모님의 낮은 자존감과 맞닥뜨리게 된다. 특히 자아 형성의 중요한 시기를 함께 보내는 어머니와 밀접한 관련이 있다. 대다수의 어른들 역시 부정적인 생각과 그릇된 신념, 가치관 때문에 고통받는데 이것은 자녀에게 고스란히 전해진다. 실제로 부모님이 스스로를 열등하다고 느낄 경우 그의 어린 자녀들도 스스로를 무가치한 존재로 여기게 될 가능성이 크다. 결과적으로 아이가 가정이나 학교 등 사회에서 부딪치는 간단한 상황조차 제대로 맞서지 못하게 만들고, 이는 또다시 아이의 자신감 형성에 악영향을 끼쳐 결국 낮은 자존감을 부추기는 악순환

이 반복되는 것이다.

왜 이러한 현상이 벌어지는 것일까? 우리의 뇌는 태어나서 5년 동안 급속도로 발달한다. 이 시기를 심리학자들은 '지문기指紋期'라고 하는데, 이때 받아들이는 인상은 마치 지문처럼 영구적으로 우리 뇌에 저장되어 이후의 행동양식을 결정한다. 부모님의 낮은 자존감이 이 시기 동안 아이의 심리적 기반에 얼마나 빠르고 강렬하게 흡수되는지에 대해서는 굳이 설명하지 않아도 짐작할 수 있으리라.

낮은 자존감은 우리가 처음 잘못을 저질렀을 때 '나쁜 아이'라는 소리를 들으면서부터 시작된다. 어른들은 단순히 아이의 '나쁜 행동'을 꾸짖기 위해 한 말이지만, 이 말은 아이로 하여금 스스로에 대한 부정적인 인식을 갖도록 만든다. 사실 나쁜 아이란 없다. 다만 자기 행동에 대한 인식이 부족했을 뿐이다.

세상에는 분명 아이가 하지 말아야 할 일이 있고, 그에 따른 훈계와 제재 역시 필요하다. 하지만 아이들은 '나쁜 아이'라는 소리를 들으면, 자신의 존재와 자신의 행동을 동일시하여 자신이 원래 '나쁘다'라고 믿게 된다. 이해력이 부족해 어른들 말씀의 속뜻을 잘 파악하지 못하기 때문이다. 결국 아이는 자기비하와 열등감을 키우게 되고, 이것은 잠재의식 깊숙한 곳에 저장된다. 이는 수치심, 자기비하, 자기연민의 형태로 나타나며, 급기야는 가장 나쁜 형태인 죄책감으로 발현된다.

옆집 친구 좀 본받아라!

낮은 자존감은 '비교'를 통해 만들어지기도 한다. 부모님은 흔히 자녀에게 좀 더 노력하라는 뜻으로 다른 형제 또는 옆집 아이와 비교하는 경우가 많다. 하지만 이러한 행동은 의도와 달리 아이에게 열등감만 키워준다. 아이는 또래친구와 자신을 비교하며, 이때 부각된 결점을 자신의 일부분으로 받아들인다. 예컨대 자신이 친구보다 피아노를 못 치면 자신은 원래부터 '피아노를 못 친다'라고 믿어버리는 것이다. 친구들이 자신보다 훨씬 잘났다고 믿으면서 점점 열등감이 주는 파괴적인 무력감에 짓눌리고 만다.

따라서 부모는 자녀를 훈육할 때 매우 조심스럽게 접근해야 한다. 예컨대 "너는 왜 그것밖에 못해?", "네 형을 좀 봐. 얼마나 의젓하니?"라고 말하는 대신 "이런 행동을 하다니 평소의 너답지 않구나. 하지만 엄마는 네가 얼마나 멋진 아이인지 알고 있단다. 다음부터는 조심하렴" 하고 주의를 줘야 한다.

아이의 존재를 긍정하는 동시에 아이의 가능성을 끌어내도록 노력해야 한다는 뜻이다.

신체적 조건이나 외모를 비교하는 것 또한 상상 이상으로 자존감 형성에 악영향을 끼친다. 많은 아이들이 이를 고민하며 육체적, 정신적, 감정적 열등감에 시달리고 있다. 어른들이 아이에게 "너무 뚱뚱해", "멀대같아", "느려 터졌어" 등의 말을 하는 동안 아이들은 이겨내기 힘든 열등감에 사로잡히고 만다.

너는 부모님 말씀만 잘 들으면 돼

아이의 개성을 존중하지 못하는 것 역시 부모가 흔히 저지르는 실수 중 하나다. 대부분의 부모는 아이가 자신의 느낌이나 욕구, 의견을 말하면 "어린애가 뭘 안다고 그러니?", "엄마, 아빠만큼 널 잘 아는 사람이 어디 있어?", "너는 내가 시키는 대로만 하면 돼"라고 묵살하는 경우가 많다.

특히 부모들은 자녀가 저지른 잘못에 동의하지 않는다는 뜻으로 무시하는 발언이나 모욕, 무관심을 보이기도 하는데, 저명한 아동 심리학자들은 이를 두고 낮은 자존감을 가진 부모가 자신이 '항상 옳다'라는 사실을 보여주기 위해 하는 행동이라고 말한다.

이것과 함께 많은 부모들이 자식을 통해 대리만족을 하려는 경향을 보인다. 자신이 이루지 못한 꿈을 자식이 대신 이뤄주기를 원해 아이의 적성이나 소질은 고려하지 않은 채 강압적으로 몰아붙인다. 그러나 자녀를 통해 대리만족을 하려는 부모들은 결코 자녀에게 만족하지 못한다. 자녀가 자신의 터무니없는 기대 수준에 못 미치는 이유가, 아이가 충분히 자라지 못해서이거나 애초에 다른 소질을 가졌기 때문인데도 말이다. 당연히 이 과정에서 혹독한 대가를 치르는 것은 아이들이다.

어떤 부모들은 재물이나 학벌, 지위 등 세속적인 성공에 높은 가치를 부여하기도 하는데, 이것 역시 자녀의 자존감 형성에 나쁜 영향을 끼친다. 이러한 부모들은 필연적으로 자녀에게도 세속적인 성공을 요구한다. 부모에게 인정받고 싶은 자녀는 부모의 가치관을 그대로 답습하여 결국에는 물질적 가치의 노예가 되어 평생을 살아가게 된다.

자존감이 낮은 이들의 행동 패턴 12

자존감이 낮은 사람은 다양한 징후와 중독 성향을 보이는데 이는 일상적 삶의 요구에서 도피하기 위한 일종의 합리화 과정이라고 할 수 있다. 이는 우리로 하여금 현실에서 부딪치는 갖가지 상황과 위기를 임시로 비껴가도록 돕는 일종의 대체 수단이다. 낮은 자존감을 감추기 위해 타인의 관심을 다른 곳으로 돌리는 일종의 알리바이인 셈이다. 우리가 선택하는 중독의 강도는 삶에서 느끼는 결핍감과 강박감에 정비례하며 주로 다음과 같은 형태로 나타난다.

1. 비난과 불평을 늘어놓는다

끊임없이 불평을 늘어놓거나 다른 사람을 비난한다. 이렇게 행동하는 이유는 일의 책임이 자신에게 있다는 사실을 부정하기 위해서이다. "문제는 바로 저입니다", "변해야 할 건 바로 저예요"라고 인정하기보다는 다른 사람을 비난하는 편이 훨씬 쉽기 때문이다. 습관적으로 불평을 늘어놓고 타인을 비난하는 사람은 결핍감을 메우기 위해 다른 사람을 짓밟고, 그 위에 자기를 세우기 위해 애쓴다.

2. 타인의 결점을 찾는다

자신의 말에 호응하지 않거나 다른 의견을 내놓는 사람을 보면 자존심이 상해 트집을 잡으려고 애쓴다. 타인에게 '결점이 많은 인간'이라는 꼬리표를 붙이는 시도를 통해 '나는 옳다'라고 위안을 삼을 수 있기 때문이다.

또 하나 주목할 것은 이들이 타인에게서 자신과 똑같은 결점을 발견하면 몹시 불쾌감을 느낀다는 것이다. 자신이 그토록 부정하고 싶은 모습을 거울처럼 비춰주니 견딜 수 없는 것이다.

3. 인정받고 싶은 욕망이 강하다

타인에게 인정받고 싶어 하는 성향이 무척 강하다. 자존감이 낮은 사람은 존재 자체만으로도 자신이 가치 있다는 사실을 인식하지 못한다. 끊임없이 타인에게서 자신의 존재를 확인하려고 든다. "당신은 훌륭해요", "일 처리가 멋지군요", "얼굴이 참 예쁘네요"라는 말을 듣기 위해 갖은 애를 쓴다. 또한 주목받지 못하면 소외당하고 있다고 여기기 때문에 사람들의 시선을 끌려고 노력한다.

4. 친구를 사귀지 못한다

낮은 자존감을 가진 사람은 일반적으로 친구가 적다. 자기 자신을 좋아하지 않는 탓에 스스로를 고립시킨다. 반대로 매우 공격적이거나 지배적인 성향을 보이기도 하는데, 어떠한 유형이든 신실한 우정을 나누기에는 힘든 성품이다.

5. 경쟁심이 매우 강하다

타인과의 경쟁에서 반드시 이겨야만 직성이 풀린다. 일상적인 대화를 나눌 때도 조금만 의견이 다르면 자신의 말이 무조건 옳다고 주장한다. 성과에 집착하며 이를 과시하고자 하는 욕망에 사로잡혀 있다. 하지만 과도한 우월감은 열등감의 또 다른 표현일 뿐이다.

6. 탐닉에 빠지는 경우가 많다

자기 존재를 있는 그대로 긍정하지 못하는 사람은 늘 결핍감에 시달린다. 스스로에게 불만이 많기 때문에 이를 충족시켜줄 수 있는 뭔가를 필요로 한다. 주로 음식이나 약물, 알코올, 담배 등을 통해 현재의 불만 상태를 잊어버리고자 애쓴다. 하지만 이 효과는 순간에 지나지 않아서 일시적인 충족감은 얻을 수 있을지 몰라도 탐닉을 통한 자기도피에는 대가가 따르기 마련이다.

7. 우울증에 시달린다

조건이나 외부 상황으로 인해 원하는 것을 갖지 못한다는 생각이 들어 자주 우울해진다. 스스로 결정할 수 있는 것은 아무것도 없으며, 또한 스스로를 사회와 맞지 않고 무가치한 존재로 여겨서 의기소침해진다. 타인의 시선과 자신의 잘못된 기대에 부응하고자 애쓰는 과정에서 늘 불안감괴 좌절감에 시달린다.

8. 탐욕스럽고 이기적이다

자존감이 낮을수록 피해의식이 강해 이기적인 성향을 보인다. 그들은 오로지 자기 욕망에만 관심이 있다. 결핍감을 메우기 위해 수단과 방법을 가리지 않는다. 타인에게 관심을 기울이는 법이 없으며 심지어는 자신을 사랑해주는 사람에게도 이기적인 성향을 보인다.

9. 실수를 두려워한다

비정상적일 정도로 실수를 두려워하는 경향이 있다. 이 경우에 해당하는 사람들은 아예 아무 일도 시도하지 않거나 더 이상 미룰 수 없을 지경에 이르러서야 마지못해 행동에 옮긴다. 아무 일도 하지 않으면 실수도 하지 않기 때문이다. 자신은 어떤 일도 제대로 할 수 없다고 느껴서 의사결정을 할 때마다 매우 주저한다.

　반대로 완벽주의 성향을 보이기도 하는데 실수를 두려워하는 것은 둘 다 똑같다. 늘 자신이 옳아야 한다고 생각해 완벽주의를 추구할 뿐 밑바탕에 깔려 있는 것은 불안이다. 완벽주의자는 결코 실수를 허용하지 않으며, 이 과정에서 자신이 타인보다 낫다는 우월감에 빠진다.

10. 열등감을 감추려고 허세를 부린다

복어가 겁을 먹으면 배를 부풀려 제 몸집을 키우듯, 자존감이 낮은 사람은 자신을 그럴듯하게 포장하려는 경향이 있다. 허풍을 늘어놓거나 화려하고 사치스러운 옷차림을 하거나, 심지어는 유명인사와 친분이 있다고 떠벌리기도 한다.

이들은 열등감을 감추기 위해 큰 소리로 떠들거나 웃는 모습을 보인다. 또는 타인에게 강한 인상을 심어주기 위해 일부러 공격적인 언행을 보이기도 하고, 환심을 사기 위해 물질적 공세를 퍼붓기도 한다. 사람들에게 자신의 낮은 자존감을 완벽히 숨겼다고 믿을지 모르나 그것은 희망사항일 뿐이다. 모두가 꿰뚫어보고 있다는 사실을 자신만 모른다.

11. 자기연민이나 동정에 휩싸인다

자기연민에 휩싸이거나 타인에게 동정을 구한다. 자신의 삶에 대한 책임을 짊어질 능력이 없기 때문이다. 이들은 주변 사람들이나 상황, 여건에 항상 기대고 있으며, 좀처럼 직접 행동하려고 들지 않는다. 동정받는 것을 좋아하기 때문에 다른 사람들이 상처를 주더라도 화내기보다는 눈물만 짓는 성향을 보인다. 이들은 연민과 동정이 타인의 마음을 움직이는 데 꽤 효과적인 수단이라는 것을 잘 알고 있다. 자신이 원하는 것을 얻기 위해 눈물, 연약함, 한숨, 질병 등을 이용한다.

12. 자살

낮은 자존감의 가장 극단적인 형태다. 자살은 세상으로부터 벗어나기 위해서가 아니라 자기 자신, 즉 자기가 그토록 부정하고 경멸했던 자아로부터 탈출하기 위해 시도하는 것이다. 이들은 문제의 본질을 파헤쳐 당당히 맞서기보다 단번에 상처와 분노를 씻어줄 방법으로 자살을 선택한다.

낮은 자존감으로 인해 발현되는 정서적·육체적·심리적 성향

정서적 성향	육체적 성향	심리적 성향
공격성	조잡한 외양	불안
소심함	힘없는 악수	동요
거짓 웃음	흐리멍덩한 눈동자	자기비하
과시욕	고도비만	애정 갈구
조급증	아랫입술 깨물기	확신 없음
허세	긴장	자신을 실패자로 간주
경쟁심	신경과민	수치심
오만	축 처진 어깨	죄책감
타인의 비위 맞추기	힘없는 목소리	인정받고 싶은 욕구
유명인사와의 친분 과시	타인의 눈을 피함	자기 문제에만 빠져 있음
비판적		승부욕
반항심		재물에 대한 집착
완벽주의자		사회적 지위를 중시
횡포		권력에 대한 강박적 욕구
대화 독점		타인이 원하는 대로 행동
우유부단		자녀를 통한 대리만족
실수를 용납 못함		연예인 숭배
음주		
흡연		
수다		
취미 몰두		

POINT

- 자존감을 세우는 일은 행복의 문제에 그치는 것이 아니라 인생 전체를 받쳐주는 토대를 닦는 것이다. 스스로 자유로운 존재가 되어 원하는 인생을 살고자 한다면 이 문제를 진지하게 받아들여야 한다.

- 자존감을 높이려면 :

  – 자신의 낮은 자존감이 형성된 궤적을 다시 살펴보라.

  – 나의 낮은 자존감이 타인과의 관계에서 어떤 형태로 나타나는지를 확인해보라.

- 자존감이 낮은 원인은 크게 세 가지로 정리할 수 있다.

  – 부모님에게서 주입된 자기 파괴적인 생각과 신념, 가치로 인한 경우. 예컨대 어린 시절에 "넌 나쁜 아이구나!"라는 말을 들으면 아이는 자신의 나쁜 행동에 대한 꾸지람을 존재 자체에 대한 부정으로 인식할 수 있다.

  – 학창시절에 겪은 선생님의 평가 혹은 적성검사, IQ 테스트 등 왜곡된 평가 체계로 인한 경우다.

  – 과도한 죄책감과 자기비하에 초점을 맞추는 것, 부정적인 종교나 세계관, 그에 따른 제약으로 인한 경우도 있다.

네 번째 비밀

나에 대한 진실은 무엇인가,
자기인식의 힘

나는 사실 당신이 스스로를 어떻게 생각하고 있는지에 대해 크게 신경 쓰지 않는다. 당신은 자신을 매우 지적이라고, 혹은 반대로 우둔하다고 생각할 수 있다. 지나친 말라깽이 또는 뚱보라고 여길 수도 있으며, 월급쟁이, 자영업자, 주부이거나 직장여성, 학생 등 그 누구일 수도 있다. 또는 알코올의존증 환자, 마약중독자, 거짓말쟁이, 허풍쟁이, 교활한 사기꾼, 노이로제 환자일 수도 있다. 무척 외향적인 성격의 소유자일 수도 있고, 반대로 소심할 수도 있다. 아니면 현재 어떤 일 때문에 의기소침해 있을 수도 있다. 개나 고양이, 어린아이를 싫어할 수도 있고, 정치가나 기업가를 혐오할 수도 있다.

하지만 지금까지 열거한 그 어떤 것도 당신의 존재 그 자체를 설명해주지는 못한다. 이것들은 단지 당신이 하고 있는 것이나 당신이 취하고 있는 행동에 대한 묘사일 뿐이다. 만약 당신이 자신의 행동을 자기 존재와 동일시한다면, 당신은 자신에 대해 그릇되게 인식하고 있는 것이다. 그저 단편적인 사실만으로 자신을 판단하고 제약하며, 심지어는 스스로를 거부하고 있다는 것만이 사실일 뿐이다.

낮은 자존감은 간단히 말해 '자기인식'의 문제다. '나는 스스로를 어떻게 생각하고 있는가?', '나는 어떠한 존재인가?', '나를 무엇이라고 생각하는가?' 이와 같은 고민들이 자기인식의 토대를 이룬다.

그렇다면 어떠한 것들이 자기인식에 영향을 끼칠까? 우리가 지금까지 경험해온 것들, 즉 주변 여건이나 지적 수준, 직관력, 기질, 문화적 토양 등을 포함하여 우리가 오감을 통해 인지하는 모든 것들이 작용하여 스스로를 인식하게 만든다. 따라서 당신이 가지고 있는 현재의 자기인식 수준은 당신의 기분, 태도, 정서적 반응, 편견, 습관, 욕구, 불안, 공포, 염원, 목표 등을 나타내는 척도라고 말할 수 있다.

우리는 자기인식을 통해 우리의 삶에 영향을 끼치는 모든 것들을 인지하고 이해한다. 따라서 당신의 자기인식이 어떻게 이루어졌는지 살펴봐야 한다. 일단 당신이 자신에 대한 진실을 깨달으면 왜 당신이 지금의 방식대로 존재하고 있는지 그 이유를 이해할 수 있을 것이다. 이 과정이 선행되어야 인생에서 가장 중요한, 자신을 사랑하고 수용하는 법을 배울 수 있다.

당신은 최선을 다하고 있다

마음은 마치 카메라처럼 자신의 삶에서 일어나는 일들을 기록한다.

그러나 어떤 장면을 담을 것인지는 카메라의 주인인 자신이 결정할 문제다. 타인이 보였던 반응이나 스스로 가졌던 책망, 실의, 절망감을 담을 수도 있고, 주변 사람이나 신문, 텔레비전을 통해 목격한 사건사고, 질병, 가난 등도 자신의 정신세계에 저장할 수 있다.

필름에 새겨진 기록은 자기인식의 구성 요소가 된다. 무언가에 집중하여 자료를 쌓아두는 일을 반복하는 동안 우리는 마침내 이러한 일들을 실재實在로 받아들이게 된다. 자신에 대해 어떻게 생각하느냐 하는 자기인식도 이와 같은 방법으로 이루어진다. 체험, 주변 사람들의 말이나 행동, 삶의 매순간에 느꼈던 감정 등이 차곡차곡 쌓여 자기인식의 토대를 이룬다. 그리고 어느 순간 우리는 이것을 '진실'이라고 받아들인다.

그런데 문제는 실재와 진실이 반드시 일치하는 것은 아니라는 사실이다. 우리의 마음이 스스로에 대한 그릇된 믿음과 가치 등을 받아들이게 되면 자기인식은 왜곡되고 만다. 마치 카메라 렌즈가 깨진 줄도 모르고 쉴 새 없이 풍경 사진을 찍는 것처럼 말이다.

당신이 선택한 모든 행동과 결정은 현재 당신이 가지고 있는 자기인식에 기초한다. 그러나 여기에서 절대로 잊지 말아야 할 것이 있는데, 나는 당신에게 이 말을 꼭 해주고 싶다.

"당신은 항상 최선을 다하고 있다!"

내가 이렇게 말해서 놀랐는가? 대부분의 사람들은 이 말을 처음 들으면 충격을 받는다. 어떤 사람들은 화를 내기도 한다. 어쩌면 당신은 이렇게 묻고 싶을지도 모르겠다. "내가 항상 최선을 다했다면, 결국 나는 원래 이 정도 인간밖에 안 된다는 뜻이오?"

내 말을 오해하지 마라. 만약 당신이 자신에게 불만이 있다면, 그것은 최선을 다하지 못해서가 아니다. 당신은 그릇된 자기인식으로 인해 최선을 다할 수 없는 상황 속에 자신을 방치했을 뿐이다.

우리는 지금까지 살아오면서 언제나 더 잘할 수 있었는데 왜 그러지 못했느냐는 책망을 들어왔다. 일견 타당한 충고이기는 하지만 여기에는 중요한 사실이 생략되어 있다. 그것은 바로 그릇된 자기인식 안에서는 최선을 다할 수 없을 뿐더러, 설사 최선을 다한다 하더라도 결코 만족스럽지 못하다는 것이다.

따라서 당신은 스스로에게 불만을 품기보다 현재 자신인식의 수준부터 살펴봐야 한다. 만약 당신의 자기인식이 심각하게 왜곡되어 있다면, 당신은 결코 지금 하고 있는 것보다 더 잘해낼 수 없다. 이것이 바로 진실이다.

이미 일어난 현실은 받아들여라

이제 우리는 스스로가 매순간 최선을 다했다는 사실을 받아들여야만 한다. 돌아보면 후회스러운 일도 그 당시에 있어서만큼은 최선의 선택이었다. 이것을 인정하지 않고서는 인식의 지평을 넓힐 수 없다.

당신이 최선을 다하며 살아왔다는 사실을 받아들이면, 이제 당신은 타인의 부정적인 의견이나 반응에 대해 더 이상 상처받지 않을 것이다. 또한 다른 사람들 역시 최선을 다하며 살아왔다는 사실을 인정하고 자신의 잣대로 타인을 정죄하거나 비난하려고 하지 않을 것이다. 현실을 수용하는 법을 배워, 그때에는 그 어떤 다른 행동도 할 수 없었다는 사실을 인정해야 한다.

모든 사람에게 현실은 똑같다. 다만 현실을 어떻게 받아들이는지에 대한 인식의 차이만 있을 뿐이다. 사람들은 모두 똑같은 환경과 경험을 가진 것이 아니기에 상황을 인식하는 방식도 다를 수밖에 없다. 사람들 각자의 개인적 실재는 현재 이 순간에 있어서만큼은 변경 불가능한 정신적, 정서적, 육체적 성격을 가지고 있다. 즉 당신의 개인적 실재는 현재의 자기인식 수준, 가치관, 신념, 옳고 그름에 대한 관념의 총체이다. 이는 항상 자기인식에 의해 덧칠되고 영향받으면서 인식의 수준에 따라 달라진다. 당신이 내리는 모든 선택과 행동, 결정도 철저히 자기인식에 토대를 두고 있다.

그런데도 대부분 사람들이 자신의 실수나 실패가 원래 자기가 못나서 그런 것이라고 받아들인다. 자신을 있는 그대로 인정하지 못하고 거부하는 잘못을 저지르는 것이다. 당신이 만약 무언가에 실망하고 좌절하고 있다면, 그것이 바로 그 증거이다. 당장 변화시킬 수 없는 외부 상황이나 조건과 싸워 패배하고 절망하고, 이는 결국 자신감 상실로 이어져 돌이킬 수 없는 자기혐오로 이어지고는 한다.

타인의 경우에 있어서도 마찬가지다. 그들은 자신의 인식 수준이 허용하는 한에서 최선을 다하고 있는 것이다. 변화의 열쇠는 '그들을 바로잡아줘야 한다'라고 생각하는 데 있지 않고, 타인의 행동을 수용하는 데 있다. 그들의 자기인식이 얼마나 왜곡되어 있든지 그들이 거기에 맞춰 살 수 있도록 자유를 허용해야 한다. 그러기 위해서는 먼저 자기 자신부터 사랑하고 수용하는 법을 배워야 한다.

만약 당신이 아직도 스스로를 판단하고 있다면 타인을 평가하고 싶은 마음 역시 굴뚝같을 것이다. 자신을 이해하고 공감하는 만큼만 타인 역시 이해하고 공감할 수 있다는 사실을 잊어서는 안 된다.

우리에게 일어나는 일은 우리가 어떻게 손 써볼 수 있는 성질의 것이 아니다. 예컨대 다니고 있던 회사가 부도가 나서 하루아침에 실직자가 되었다면 이것은 우리가 어떻게 해볼 수 있는 일이 아니다. 또한 이때 느끼는 막막함이나 불안감 역시 어떻게 할 수 있는 게 아니다. 하지만 이 일에 대처하는 방식은 우리의 힘으로 충분히 바꿀 수 있다. 이를테면 "나는 왜 이렇게 재수가 없지? 이 상황을 도저히 받아들일 수 없어" 하고 체념하기보다 "살다 보면 이런 일도 있을 수 있지. 어서 다른 직장을 알아보자" 하고 자신이 처한 상황을 인지한 후, 그에 따른 대책을 마련하면 된다. 이렇게 하면 특정한 상황, 즉 회사 부도라는 상황으로 인한 실직 상태를 받아들임과 동시에 자신의 행동에 대한 통제권을 가질 수 있다. 반면 이때 자신을 책망하거나 신세 한탄을 하는 것은 전혀 도움이 안 된다.

자신과 자신이 처한 상황을 있는 그대로 받아들이지 못하면 분노와 우울증 같은 정서적인 문제뿐만 아니라 두통, 협심증, 구역질 등의 육체적 증상까지 일어날 수 있다. 가족이나 친구, 동료 등의 대인관계에 문제가 생기는 것은 말할 필요도 없다.

그런데 당신이 이처럼 무모한 싸움 때문에 힘을 허비하고 있다는 자각을 하지 못한다면 자기 파괴적인 습관을 부술 방법이 없다. 당신은 끊임없이 사물을 좋거나 나쁜 것, 옳거나 그른 것, 공평하거나 불공평한 것으로 재단해야 할 필요성을 느낄 것이다. 당신이 객관적 실존과 마주하는 것을 거부하고 있기 때문에 타인이나 여러 상황들이 항상 자신에게 적대적이라고 믿게 된다. 확실한 것이라곤 하나 없이 그저 '이렇게 되어야만 한다'라는 희망사항 속에서 살아가는 것이다.

현실을 받아들여라. 이미 일어난 현실이다. 그곳에서 당신이 할 수 있는 최선을 다해라. 그러면 더 이상 상처받지도, 분노하지도, 그리고 타인과 견주어 자신을 비하하는 일도 없을 것이다.

가치 판단 대신 있는 그대로의 긍정

대인관계가 원만하지 못한 가장 큰 이유는 대개 자신의 가치관을 타인에게도 강요하기 때문이다. 대부분의 사람들은 자신이 생각하는 정의나 선악, 규범 등을 타인들도 따르기를 바란다. 만약 따라주지 않으면 비난하고 심한 경우 물리적인 힘을 행사하여 강제로 변화시키려고도 한다. 자신과 그들의 인식 수준에는 차이가 있으며, 그들이 나의 가치관에 맞춰 사는 것은 불가능하다는 사실을 인정하려고 들지 않는다.

우리가 타인의 가치관과 신념, 관념 등을 바꾸기 위해서 할 수 있는 일은 아무것도 없다. 오직 그들 스스로가 변화를 받아들일 자세가 되어 있어야만 가능하다. 단순히 내가 원한다는 이유만으로 타인이 변하기를 바라지 마라. 이는 매우 오만한 행동이다. 그가 당신을 위해 스스로를 변화시켜야 할 의무는 없다. 그런데도 우리는 타인을 보며 때때로 분노한다. 그럴 때는 이 사실을 떠올리자. '내가 최선의 삶을 살아가고 있듯, 그들 역시 최선을 다해 살아가고 있다. 다만 인식의 차이가 있어 못마땅해 보일 뿐, 그들 입장에서 보면 나 또한 못마땅할 것이다.'

만약 누군가에게 화가 났다면 그가 아니라 어쩌면 나에게 문제가 있는 건지도 모른다. 무엇보다 타인을 있는 그대로 인정하지 못하고, 자신이 원하는 대로 살아가기를 바라는 것 자체가 이미 문제다.

타인에 대한 가치 판단을 하지 않기 위해서는 정도의 차이는 있을지 몰라도 그들 역시 자신의 인식 수준 내에서 최선의 삶을 살아가고 있다는 사실을 깨달아야 한다. 타인의 삶을 두고 시비선악을 가리는 것은 전적으로 무의미하다.

그런데 무엇보다 타인에 대한 가치 판단을 하지 않으려면 우선 자신에 대한 가치 판단부터 중단해야 한다. 자신을 사랑하지 못하는 사람은 타인 역시 사랑할 수 없다. 이는 너무나 당연한 진리다. 자신을 있는 그대로 긍정하면 더 이상 그릇된 요구로 심신을 괴롭히거나 자기혐오에 빠지는 일은 없을 것이다.

타인을 있는 그대로 사랑하면 그들도 당신을 있는 그대로 사랑한다. 그들은 다른 선택권을 가지고 있지 않다. 생각해보라. 당신을 가장 매력적으로 생각하는 사람은 누구겠는가? 바로 당신이 가장 친한 친구라고 여기는 이들이다. 그들은 당신에 대해 결코 가치 판단을 하지 않는다. 당신에 대해 무엇을 알게 되더라도 있는 그대로 긍정한다.

진심으로 사랑받고 싶은가? 그렇다면 당장 가치 판단을 중단하라. 자기 자신에 대해서도, 타인에 대해서도 영원히 말이다.

동기부여에 대한 올바른 이해

학습 효과를 높이는 방법으로 동기부여를 많이 강조한다. 하지만 동기부여만큼 사람들이 잘못 이해하는 단어도 드물다. 경영자들은 종종 내게 회사 직원들에게 동기부여를 해달라고 요청한다. 내가 그것은 불가능한 일이라고 대답하면 깜짝 놀라곤 하는데 이는 거짓말이 아니다. 나는 그 누구에게도 동기부여를 해줄 수 없다. 다만 인식의 지평이 확장되도록 영감을 줄 수 있을 뿐이다. 그런데 이 인식의 지평 또한 스스로 넓힐 수 있는 것이지 누가 대신해줄 수 없다. 내가 아무리 좋은 말을 하더라도 상대가 받아들이지 않으면 소용없는 것이다.

동기부여는 누가 해줄 수 있는 것이 아니다. 오직 스스로 해야만 한다. 그렇다면 동기부여란 무엇일까? 간단히 말해 '다른 것보다 이것을 더 하고 싶어 하는 마음가짐과 자세'라고 할 수 있다. 예를 들어서 부족한 영어회화 실력을 향상시키기 위해 영어학원에 등록했다고 가정하자. 하지만 종일토록 업무에 시달리느라 퇴근 후에는 녹초가 되기 마련이다. 집에 가서 쉬고 싶은 마음이 간절하다. 또는 친구를 만나 술 한잔 마시며 일상의 고단함을 달래고 싶은 마음도 든다. 영어학원에 가든, 귀가하여 쉬든, 친구들을 만나든 선택은 자신의 몫이라는 것이다.

그런데 우리는 이때 한 가지 사실을 착각한다. 영어학원을 가지 않고 다른 선택을 하는 이유가 동기부여가 안 되어 있기 때문이라고 여기는 것이다. 하지만 사실은 그렇지 않다. 동기부여가 안 돼서가 아니라 영어학원보다 다른 쪽에 대한 동기부여가 더 잘 되어 있기 때문이다.

모든 사람은 항상 동기부여가 되어 있다. 당신이 어떤 분야에서 성공하기 위해 노력을 하든, 게으름뱅이여서 의자에 죽치고 앉아 있든 당신은 이미 동기부여가 되어 있다. 하다못해 손가락 하나 까딱하는 데도 동기가 필요한 법이다.

다만 어느 쪽에 더 동기부여가 되어 있느냐 하는 차이가 있을 뿐이다. 그 어떤 선택이든 이는 궁극적으로는 자신의 행복을 위한 것이다. 그저 '당장의 행복을 위해 미래를 희생할 것인가, 아니면 미래의 행복을 위해 지금 이 순간을 희생할 것인가?'에 대한 자기인식의 차이만 있을 뿐이다.

당신의 모든 행동은 현재 자기인식의 수준에서 결정되는, 개인적 필요나 욕구에 대한 반응들이다. 가장 기초적인 동기부여는 정신적, 육체적, 정서적으로 '좋은 느낌'을 갖는 데 있다. 이 중에서 어느 하나라도 충족되지 않으면 불안감과 좌절감을 느낀다. 때문에 사람들은 자기만족을 위해서라면 자신에게 해로운 것이라도 하게 된다.

　　"나는 언제나 하고 싶지 않은 일보다 하고 싶은 일을 한다."

　　구태여 동기부여를 새롭게 다질 필요가 없다. 다만 어떠한 동기부여를 강화할 것인지에 대해 집중해야 한다. 당신은 인생에서 가치 있고 건설적인 무언가를 하고 싶은가? 그렇다면 당신의 행복에 궁극적으로 해가 되는 동기를 줄여나가는 동시에 긍정적인 동기를 키워가라. 그것이 당신의 인생을 결정할 것이다.

변화는 내 인식의 변화에서 출발한다

긍정적인 동기부여는 자기인식에 대한 변화와 더불어 시작된다. 건설적인 삶의 변화를 원한다면 스스로 어떤 행동을 할 때 그것이 자신의 삶에 유익할지, 해가 될지 그 결과를 그려볼 수 있어야 한다. 원인에는 결과가 뒤따르듯 어떤 행동을 하면 반드시 그에 따른 기회비용을 지불해야 한다.

　　누군가가 당신에게 변화를 촉구할 수는 있다. 하지만 결국 변화의 주체는 자기 자신이다. 이익과 손실의 비교를 통해 스스로에게 동기부여를 하라. 실제로 우리는 이 과정을 거쳐 '해야 하는 행동'과 '하지 말아야 할 행동'을 결정할 수 있다. 범죄자, 알코올중독자, 섭식장애 환자, 흡연자, 약물중독자들도 자신의 인식 수준에 기초하여 행동을 결정하는 과정을 거친다. 그들은 중독에 따른 대가를 치르는 것보다 한순간의 쾌락과 위안을 추구하는 것이 더 낫다고 생각하기 때문에 악습을 고치지 못하는 것이다. 하지만 자기인식이 변하면 현실과 자아로부터의 도피에 따른 대가가, 그때 얻었던 보상보다 훨씬 치명적이라는 사실을 깨닫게 된다. 그렇게 하면 부정적인 동기부여는 긍정적인 동기부여에 자리를 내주고, 더욱 건설적인 일에 시간과 노력을 투자할 수 있다.

우리는 자신과 타인의 모든 행동에 대해 지혜롭거나 그렇지 못하다는 관점에서 파악해야 한다. 어떠한 것도 좋고 나쁨, 공평하거나 불공평함, 옳거나 그르다는 관점에서 판단해서는 안 된다. 이러한 판단들은 단지 우리의 현재 인식 수준, 또는 사회적인 집단인식의 수준에 기초한 도덕적 판단일 뿐이다.

지혜롭다거나 지혜롭지 못하다는 말에는 어떠한 가치 판단도 들어가 있지 않다. 이러한 관점은 우리로 하여금 모든 행동을 자기인식에 기초하여 관찰한 뒤 지혜롭거나 지혜롭지 못하다고 결정할 여지를 만들어준다. 어떠한 경우에도 그 사람 자체를 판단하지 마라. 당신의 행동이 나쁠 수는 있지만 당신이라는 인간 자체는 결코 나쁠 수 없다.

그리고 자기 자신뿐만 아니라 타인에 대해서도 이를 확장시켜라.

나는 여러분이 '응당', '그래야만', '당연히'와 같은 생각만으로는 긍정적인 동기부여를 강화할 수 없다는 사실을 깨달았으면 한다. 변화는 오직 본인의 의식적 결단을 통해서만 이루어진다. 사람들이 칭찬이나 압력, 또는 겁을 줘 행동에 변화를 줄 수도 있다. 하지만 이렇게 생성된 동기는 임시방편에 지나지 않는다. 그 순간 잠시 드러나는 긍정적인 욕구를 채울 뿐이지 지속적인 변화를 가져오지는 않는다.

자신에 대한 확신을 갖지 못하는 한 습관은 고칠 수 없다. 다시 말해 자기인식의 수준이 변하지 않는 한 어떠한 변화도 있을 수 없다는 것이다.

자기 인생은 자신만이 책임질 수 있다

당신에겐 원한다면 무엇이든 선택할 수 있는 권리가 있다. 그 어떤 것이라도 말이다. 그 선택은 사실 누구도 대신해줄 수 없다. 당신의 부모, 배우자, 친구, 스승 등 당신이 믿고 따르는 그 누구라도 그것은 불가능하다.

창조주는 우리에게 '자유의지'를 선사했다. 우리의 지적, 육체적 능력이 허용하는 한 원하는 것은 무엇이든 할 수 있다. 달리 말하면 당신은 거짓말을 할 수도 있고, 소리 높여 울 수도 있으며, 게으름을 피울 수도 있다. 음식이나 술에 탐닉할 수도 있고, 돈이나 특정 누군가에게 지나친 집착을 보일 수도 있다. 심지어는 타인에게 해코지를 할 수도 있다. 그런가 하면 이 모든 부정적인 행동을 일시에 끊어버릴 수도 있다. 당신이 원한다면 그 무엇이든 할 수 있다.

자유의지는 창조주가 우리에게 선사한 신성한 선물이다. 그러나 이것이 우리가 늘 옳은 선택만 해야 한다는 것을 뜻하지는 않는다. 단 우리의 선택은 현재 우리가 가지고 있는 자기인식에 비례하며, 선택에 따른 모든 결과는 우리 자신이 책임져야 한다는 사실만큼은 꼭 명심해야 한다.

우리는 지금까지 우리가 자기인식 수준에 근거하여 행동한다는 사실을 살펴보았다. 우리는 최선을 다하고 있는 자신에게 실수할 권리도 주어야 한다. 왜냐하면 실수를 통해 인식 수준의 확장이 이뤄지기 때문이다. 자신에게 진실해지는 법을 배우고, 자신의 선택에 대한 완전한 책임을 받아들이기 전에는 결코 자유로울 수가 없다. 그리고 그 과정에서 이뤄지는 각각의 선택에 대한 대가는 스스로 지불해야 한다. 당신이 지금 하는 생각, 말, 행동, 결정은 반드시 가까운 미래에 그 모습을 드러낼 것이다.

우리의 행동 중 어떠한 것도 시비선악의 잣대로 나눌 수 없다. 그저 지혜롭거나 어리석거나 둘 중 하나일 뿐이다. 인간은 처음부터 지혜로울 수 없다. 노인의 지혜는 저절로 생기는 것이 아니라 젊은 시절 겪은 무수한 실수와 실패를 통해 얻은 경험의 결과인 것이다. 여기에서 더 지혜로워지기 위해 노력하지 않는다면 이러한 말들도 모두 무의미할 뿐이다. 어떤 행동을 취하기 전에 다음과 같이 질문해보기 바란다.

- 지혜로운 행동인가, 그렇지 못한 행동인가?
- 나의 미래에 도움이 되는가?
- 혹시 다른 사람에게 해를 끼치지는 않는가?
- 이 행동을 함으로써 내가 치러야 할 대가는 무엇인가?
- 내가 이해하고 있는 우주의 법칙과 조화를 이루는가?
- 나는 기꺼이 이에 대한 대가를 지불할 수 있고, 그 결과를 받아들일 수 있는가?

스스로에게 이러한 질문을 던져 자신의 삶을 의식적으로 통제할 수 있는 위치에 도달해야 한다. 이를 바탕으로 자기인식의 토대를 쌓아가라. 우리가 믿고 의지할 수 있는 존재는 오직 자기 자신밖에 없다.

나쁜 습관부터 고치기

습관은 우리의 현재뿐만 아니라 미래까지 결정한다. 습관에 의해 강박관념처럼 가지고 있는 속박을 깨뜨리지 못하면 삶에서 의미 있는 변화를 만들어내지 못한다. 만약 당신의 삶이 독립적이거나 성공적이지 못하다면 우선 당신에게 자기 파괴적인 습관이 있지 않은지 살펴보자. 이를 파악하고 변화시키는 일이야말로 무엇보다 급선무다.

우리는 나쁜 습관이 우리의 삶에 얼마나 지대한 영향을 끼치고 있는지 잘 알지 못하는 경우가 많다. 나쁜 습관은 잠재의식과 중추신경계에 저장되어 있는 일종의 잘못된 반응이다. 이렇게 저장된 프로그램들은 스스로가 얼마나 부정적이며 파괴적인지 묻지도 않은 채 곧바로 우리의 느낌과 행동이 조건반사적으로 이루어지게 만든다. 결국 부정적이고 자기 파괴적인 행동을 변화시키고 싶다면 먼저 나쁜 습관부터 고쳐야 한다는 것이다.

하지만 당신이 아무리 갈망하더라도 습관을 고치기란 쉽지 않다. 만약 당신이 나쁜 습관을 고치고 싶다면 절대로 자신의 의지력에 큰 기대를 걸지 마라. 의지가 있어도 마음 한구석에서 여전히 나쁜 습관을 원한다면 소용이 없다. 오히려 괜한 자책감만 키울 뿐이다.

우리는 굉장히 많은 시간을 악습의 나쁜 영향을 없애는 데 할애하고 있지만, 정작 그 습관 자체를 포기할 생각은 하지 못한다. 대표적인 예가 흡연 습관이다. 흡연에 따른 비타민 부족을 염려하여 비타민제나 과일을 챙겨먹지만 정작 담배는 끊지 못한다. 폐암을 염려해 정기검진을 받으면서도 비상계단에 쪼그리고 앉아 담배를 피운다.

다이어트에 번번이 실패하는 것도 같은 이유에서다. 날씬해지고 싶은 갈망은 있지만 과식을 포기하고자 하는 열망은 없다. 다이어트를 지속할수록 마음껏 먹지 못한다는 박탈감이 커져 머릿속은 온통 먹는 생각으로 꽉 찬다. 결국 음식을 먹고 싶다는 욕구가 살을 빼야겠다는 의지를 압도하고 만다.

우리는 훈련과 절제만으로 삶을 변화시킬 수 있을 것이라고 생각하는 자기기만에서 빠져나와야 한다. 변화를 통제할 수 있을 거라는 생각도 버려야 한다. 만약 당신이 진짜 살을 빼고 싶다면 왜 과식을 원하는지부터 파악한 후, 그 원인을 없애고자 노력해야 할 것이다. 단순히 살을 빼야겠다는 생각만으로는 결코 뺄 수가 없다. 오히려 음식을 먹었다는 죄책감, 다이어트에 실패했다는 좌절감, 살을 빼야 한다는 초조함만 심해질 뿐이다.

어떤 습관을 바꾸려면 먼저 자신에게 그러한 나쁜 습관이 있다는 사실부터 인정해야 한다. 자신의 결점을 받아들이지 못하는 태도는 궁극적으로 어떠한 습관도 바꾸지 못하게 만든다. 그러나 이때 나쁜 습관을 지닌 자신을 책망해서는 안 된다. 그랬다가는 반동효과가 일어나 모든 시도가 수포로 돌아가 버릴 것이다. 이에 대해 알프레드 아들러^{Alfred Adler}는 우리에게 아주 멋진 충고를 해주었다.

"당신은 잘못을 저지를 수도 있고, 이에 대해 자책할 수도 있다. 그러나 이 두 가지를 동시에 하지는 마라. 당신이 감당하기에는 너무 벅찬 일이다."

그렇다면 나쁜 습관을 없애기 위해 우리가 해야 할 일은 무엇일까? 우선 긍정적이고 가치 있는 생각과 행동을 통해 부정적인 습관을 대체할 수 있는 좋은 습관을 길러야 한다. 어렸을 때 부모님이 우리에게 했던 일을 떠올려보자. 부모님은 우리에게서 뭔가를 가져갈 때는 보통 다른 무언가를 대신 주시곤 했다. 이것 때문에 우리는 부모님이 우리에게서 무엇을 빼앗아갔는지에 대해서는 별로 신경을 쓰지 않았다.

습관 역시 마찬가지다. 살을 빼고 싶다면 살을 뺐을 때 주어질 이득을 생각해보라. 살을 뺀 후 입을 만한 멋진 옷을 자신에게 선물하는 것도 좋다. 그렇게 되면 과식으로 얻는 욕구 충족보다 살을 뺐을 때 얻게 되는 충만감에 마음이 쏠려 다이어트에 박차를 가하게 될 것이다.

긍정적인 조건반사 프로그램

부정적인 습관을 없애고, 마음의 평화를 가져다주는 좋은 습관을 기르기 위해 아래의 프로그램을 이용해보자.

1단계

다음 사항을 기록하라.

1. 내가 고치고 싶은 나쁜 습관은 무엇인가?
2. 나쁜 습관 대신 개발하고 싶은 긍정적인 습관이나 삶의 태도가 있는가? 있다면 그것을 적어보라.
3. 나쁜 습관을 고치기 위해 취할 수 있는 행동은 무엇인가?

4. 그 행동을 하는 데 있어 가장 쉽고 체계적인 방법은 무엇인가?

2단계

1. 나쁜 습관을 성공적으로 고친 후의 모습을 그려보라. 긍정적인 새 습관이 가져다주는 유익함을 맛보고 있는 자신을 떠올려보라.
2. 시각화에 따르는 긍정적인 확증을 이용하라.

(긍정적인 확증에 대해서는 10강 명상편에서 보다 자세히 다루겠다.)

3단계

평소 자신의 행동을 관찰한다. 그리고 자신이 약속을 지키지 못할 때는 반드시 기록한다. 하지만 이때 자신을 비난하거나 힐책해서는 안 된다. 가치 판단을 제거한 상태에서 객관적으로 관찰한 후, 자신에게 필요한 교정이 무엇인지 확인하고 시행할 수 있도록 한다.

4단계

이 프로그램을 적어도 3주 이상 지속한다. 3주는 기존의 악습을 버리고 새로운 습관을 익히는 데 필요한 최소한의 시간이다. 만약 중간에 실패하였다면 처음부터 다시 시행한다. 절대 포기해서는 안 된다.

삶의 여러 상황 앞에서 부정적인 반응만 쌓았다면 앞으로 일어나는 모든 일에 대해서도 기존의 습관대로 반응할 소지가 크다. 다음 공식을 이용해 자신이 보이고 있는 반응이나 습관에 대해 살펴보자.

1. 자신의 삶에 유익하지 않은 행동 습관을 제거한다.
2. 무엇이 자신의 삶에 도움이 되는지 살펴보고, 그것이 잠재의식에 축적될 수 있도록 생활 습관을 설계한다.
3. 행복한 삶에 도움이 될 만한 새로운 습관을 추가한다.

새로운 습관이 강해질수록 낡은 습관이 옭아매는 유혹은 점차 약해진다. 위의 공식을 적용할 수 있다면 당신은 인생에서 더 자신감을 가질 수 있을 것이다. 하지만 습관 개선과 관련하여 아래 사실들을 반드시 기억해야 한다.

- 자신에게 부정적인 습관이 있음을 인정하고 받아들이되, 자신에 대한 가치 판단을 하지 말아야 한다.
- 습관을 고치기에 앞서 습관을 극복하는 데 들여야 하는 대가와 고친 후의 잠재적인 이익을 비교해본다.
- 진정으로 습관을 고치기를 원하지 않는다면 어떠한 의지도 소용없다는 사실을 이해해야 한다.
- 생활태도가 변하면 그에 따르는 새로운 충만감이 생긴다는 사실을 확신할 수 있어야 한다.
- 자신의 현재 상황을 놓고 죄책감을 갖거나 비난해서는 안 된다. 당신은 지금까지 인식 수준이 허용하는 것들만 해왔을 뿐이다.

POINT

- 낮은 자존감은 '자기인식'의 문제다. '나는 스스로를 어떻게 생각하고 있는가', '나는 어떠한 존재인가', '나를 무엇이라고 생각하는가'와 같은 고민이 자기인식의 토대를 만든다.

- 당신이 선택한 모든 행동과 결정은 자신이 가지고 있는 자기인식에 기초한다. '나는 항상 최선을 다하고 있다'는 사실을 잊지 말라.

- 스스로 매순간 최선을 다했다는 사실을 받아들여야 한다. 그래야 다른 사람들의 부정적인 의견이나 반응에 상처받지 않을 수 있다. 또한 다른 사람들 역시 최선을 다하며 살아왔다는 것을 인정하고 자신의 잣대로 타인을 정죄하거나 비난하지 않을 수 있다.

- 누구나 항상 동기부여가 되어 있다. 다만 어느 분야에 더 동기부여가 잘되어 있는가 하는 데서 차이가 생긴다. 나쁜 습관은 동기부여가 부족해서가 아니라 '지금 더 하고 싶은 일을 선택'한 결과이다. 따라서 좋은 습관을 기르기 위한 동기부여를 강화시켜야 한다.

다섯 번째 비밀

죄책감은 덕목인가, 족쇄인가

죄책감은 우리가 느끼는 가장 흔한 스트레스 중 하나다. 세상은 죄책감에 시달리는 사람들로 가득하다. 운 좋게 이 파괴적인 감정을 극복했을지라도 주변의 온갖 불필요한 죄책감을 나눠 갖는 것까지는 피할 수 없을지도 모른다. 우리의 환경은 우리가 죄책감을 갖도록 조건화되어 있다. 고의든 아니든 가족, 친구, 연인, 학교, 사회, 종교 등은 무엇을 했다는 이유로, 또는 하지 않았다는 이유로 우리를 끊임없이 죄책감의 굴레 속으로 밀어 넣는다.

우리는 어린 시절부터 타인의 인정을 받기 위해 온갖 애를 다 써왔기 때문에 외부로부터 죄책감이 부여되면 이를 잘 통제하지 못한다. 죄책감은 타인을 조종하는 핵심 수단이다. 만약 누군가가 당신에게 섭섭하다고 말한다면 당신은 즉시 죄책감을 느낄 것이고 어서 빨리 호감을 되찾아야 한다는 강박에 시달린다. 반대로 누군가에게 죄책감을 느끼게 함으로써 그의 행동을 조종할 수도 있다.

그런데 우리는 왜 이런 일들이 일어나도록 내버려둘까? 대부분의 죄책감이 내면의 성찰과 연관되어 있기 때문이다. 만약 당신이 죄책감을 전혀 갖고 있지 않다면 당신은 스스로를 반성할 줄 모르는 사람처럼 느낀다. 하지만 죄책감은 내면의 성찰과는 하등의 관련이 없다. 오히려 이것은 신경질환의 전조라고 할 수 있다. 그런데도 대부분의 사람들은 이를 정상적인 것으로 받아들이고 있다.

그렇다면 달리 말할 수도 있지 않을까? 자신이 내적으로 충분히 성숙해 있다는 것을 보여주기 위해 일부러 죄책감을 가진다고 말이다. 그런데 비극적이게도 이렇게 뒤엉킨 죄책감의 실타래가 수많은 사람들의 인생을 옭아매고 있다.

나는 강의를 하면서도 우리의 죄책감이 얼마나 뿌리 깊은지 종종 확인할 수 있었는데, 내가 결코 죄책감을 가져서는 안 된다고 하면 반드시 이렇게 질문하는 사람이 있다.

"그러니까 선생님 말씀은 제가 어떠한 경우에도 죄책감을 느껴서는 안 됐었다는 거지요?"

그렇다. 그는 "죄책감을 느끼지 말라"는 내 말을 듣고서, 죄책감을 가졌던 자신에 대해 죄책감을 느낀 것이다.

도덕성에 관한 고찰

우리의 행위 중 많은 경우가 타인이나 사회, 또는 종교집단으로부터 선악의 심판을 받는다. 이는 현재의 자기인식에 기초한 도덕적 가치 평가일 뿐, 절대적인 기준이 아니다. 도덕적 가치 평가는 항상 옳은 것이 아니다. 왜냐하면 도덕은 시간과 장소에 따라 얼마든지 달라지기 때문이다.

오늘날 우리가 도덕적이라고 생각하는 행동들이 과거나 미래, 또는 다른 장소에서는 오히려 비도덕적으로 받아들여질 수도 있다. 예컨대 우리가 당연하다고 여기는 남녀평등이 과거나 오늘날의 아랍권 문화에서는 전혀 받아들여지지 않는다. 하다못해 같은 시대와 같은 장소에서도 사람에 따라 도덕적 가치가 전혀 다른 경우가 수두룩하다. 어떤 사람은 사형제도가 필요하다고 주장하는가 하면 어떤 사람은 사형제도는 반드시 없어져야 한다고 말한다. 이에 대해 토머스 모어는 이렇게 말했다.

"나는 박사들과 현인들을 보았네. 온갖 나라와 모든 세대에 걸친 그들을. 그런데 50명의 사람 중 단 2명의 의견도 일치하는 일이 거의 없었지. 무엇이 진정한 도덕인가에 관해 말일세."

도덕은 절대적인 진리가 아니다. 진리는 불변하지만 도덕은 시대와 장소에 따라 달라진다. 어떠한 개인, 집단, 종교에 따른 도덕적 가치 판단이 개입되지 않아도 항상 옳은 것이 바로 진리다. 예를 들면 '사랑'이 그러하다. 사랑은 어느 순간, 어느 장소, 어느 사람에게 있어서도 숭고한 감정이다. 그러나 죄책감을 지지하는 진리는 없다. 죄책감은 단지 학습된 정서적 반응 양식 중 하나일 뿐이다.

부모가 자녀에게 부여하는 죄책감

어렸을 때 우리는 주변의 어른들, 특히 가족으로부터 죄책감을 학습 받는다. 부모는 자신이 좋아하는 것, 옳다고 여기는 것을 자녀에게 강제적으로 주입시키면서 죄책감을 활용했다. 만약 우리의 말과 행동이 부모님의 마음에 들지 않으면 우리는 '나쁜 아이'라는 소리를 들었다. 가치 판단이 우리의 '행동'이 아닌 '존재 그 자체'에게 쏟아진 것이다. 특히 죄책감은 보상과 처벌이라는 체제를 통해 강제되었는데, 자신과 자신의 행동을 동일시하게 되는 것도 보통 이때부터이다.

분명 당신에게도 이러한 경험이 있었을 것이다. 예를 들어 덧셈 뺄셈을 잘하지 못했다고 해보자. 단순히 덧셈 뺄셈을 못했을 뿐인데도 스스로를 '무능하다'라고 여기며 자책한 경험은 없었는가?

부모가 자녀에 대한 통제 수단으로 죄책감을 이용한 것은 어제오늘의 일이 아니다. 부모는 자녀가 어떤 일을 하지 않으면 그것으로 인해 부모 자신이 불행해질 거라고 겁을 준다.

"네가 이러면 사람들이 우리를 어떻게 생각하겠니?", "너 때문에 엄마, 아빠가 얼마나 곤란했는지 알아?", "우리를 이토록 곤혹스럽게 만들다니 정말 나쁜 아이구나", "어디 가서 내 자식이라고 말하기도 부끄럽다", "너 때문에 얼굴을 들고 다닐 수가 없구나" 하고 말하면서 말이다.

여러분이 부모님을 기쁘게 해드리지 못한 순간부터 부모님과 여러분 사이에는 죄책감 게임이 시작된다. 그 결과 우리는 죄책감에서 벗어나기 위해 타인을 기쁘게 하는 행동 양식들을 발전시켰다. 사람들이 원하는 대로 말하고, 사람들이 원하는 대로 행동한다. 그들의 비위를 맞춰야 한다는 생각이 뇌 깊숙이 각인되어 부지불식간에 타인의 눈치를 살피게 된 것이다.

자녀가 부모에게 부여하는 죄책감

부모뿐만 아니라 자녀 역시 부모를 조종하는 수단으로 죄책감을 이용한다. 대부분의 부모는 자녀에게 좋은 부모가 되고자 노력한다. 그래서 아이가 충분히 사랑받지 못한다고 느끼면 무척 괴로워한다. 아이들이 부모를 조종하기 위해 사용하는 무기들은 이런 것들이다.

"엄마랑 아빠는 나를 사랑하지 않아", "다른 애들은 다 가졌단 말이야", "엄마랑 아빠는 내가 귀찮지? 내가 없어졌으면 좋겠지?" 등등. 만약 이러한 방법이 통하지 않으면 과거 부모님이 자신에게 한 실수나 잘못을 상기시키기도 한다. 자녀들은 어떻게 하면 부모님이 자신에 대해 죄책감을 갖는지 본능적으로 알고 있다. 또한 부모님의 죄책감은 요술방망이처럼 자신이 원하는 것을 가져다준다는 사실도 잘 알고 있다.

아이의 이러한 행동들은 어른을 관찰하면서 학습한 것이다. 아이들은 죄책감이 정확히 어떤 식으로 영향력을 행사하는지는 모르지만, 원하는 것을 얻는 데 매우 효과적이라는 사실만큼은 기가 막히게 잘 알고 있다. 특히 아동기에는 타인을 어떻게 하면 조종할 수 있는지에 대해 온 신경을 쏟기 때문에 죄책감을 이용하는 법을 배우는 데는 오랜 시간이 걸리지 않는다.

앞서 말했듯이 죄책감은 철저히 학습된 정서적 반응이다. 만약 당신의 아이가 죄책감을 이용하여 당신을 조종하려고 든 적이 있다면 아이를 꾸짖기 이전에 자기 자신부터 돌아봐야 한다. 그것을 가르쳐 준 이가 당신일 가능성이 크기 때문이다.

사랑에 대한 죄책감

연인들이 "사랑한다"라는 말만큼 자주 쓰는 말이 "당신이 날 사랑한다면……"일 것이다. 그리고 이 말만큼 연인에게 죄책감을 덧씌우는 말도 드물다. 예를 들어 "나를 사랑한다면 저 하늘의 별을 따다 줘"라고 말하는 것은 "별을 따다 주지 않으면 당신이 나를 사랑하지 않는 것으로 여기겠어요"라고 말하는 것과 다름이 없다. 따라서 상대는 자신의 사랑이 충분하지 못하다는 죄책감에 시달리게 된다.

우리는 타인의 기대를 충족시켜야 한다는 그릇된 신념 때문에 죄책감을 유발하는 말들에 쉽사리 조종당한다. 반대로 상대에게 이 방식을 사용했는데도 효과가 없으면 침묵시위, 잠자리 거부, 상대방 자존심 건드리기, 분노, 눈물, 짜증 등의 연막전술을 펼치기도 한다.

상대방의 행동에 대해 벌을 주기 위해 죄책감을 이용하기도 한다.

이때 상대방의 잘못이란 그저 내 가치관에 어긋나 눈에 거슬리는 사소한 것들일 때가 많다. 특히 지난 일을 들추는 것은 매우 효과적인 방법이다. 물론 상대가 가장 싫어하는 것도 '과거사 들먹이기'지만 그럴수록 우리의 '죄책감 게임'은 더욱 흥미진진해진다. 이러한 죄책감 게임이 지속되는 한 우리는 상대방을 마음대로 조종할 수 있으므로 게임을 그만둘 생각이 전혀 없다. 하지만 대부분의 사람들은 상대방을 조종하기 위해서가 아니라 '그들의 잘못을 바로잡기 위해서'라고 변명한다.

사회로부터 주입된 죄책감

학창 시절에 주입되는 죄책감은 선생님의 기대에 부응하지 못했을 때 생겨난다. "더 잘할 수 있었는데 왜 그러지 못했지?", "선생님은 정말 너한테 실망했다", "성적이 이래서야 좋은 학교에 진학할 수 있겠니?", "선생님이 그토록 주의를 줬는데도 말을 듣지 않다니 정말 나쁜 학생이구나" 등등.

문제의 본질, 즉 학생의 왜곡된 자기인식에 대한 고려 없이 교사가 학생에게 불러일으키는 이 같은 죄책감은 전혀 도움이 되지 않는다. 그저 효과적인 통제수단일 뿐이다.

교정제도는 행동에 따르는 죄책감 이론을 보여주는 탁월한 사례이다. 법을 어기면 감옥이라는 교정시설에 수용된다. 사회는 범법자가 이 기간 동안 자신이 저지른 행위에 대해 죄책감을 느끼기를 기대한다. 중범죄일수록 죄책감을 느껴야 할 기간도 길어진다. 그런데 전과자들은 왜 석방된 후에 또다시 범죄를 저지르는 것일까? 잘못된 자기인식, 특히 낮은 자존감에 대해서는 교정이 전혀 이뤄지지 않았기 때문이다. 진짜 문제는 죄책감의 부족이 아니라 자기인식의 부족이었는데도 말이다.

사회적 행동에 대한 죄책감은 타인이 '나에 대해 어떻게 생각할까?'를 염려하도록 만든다. 예의범절이 그토록 완고하게 준수되는 것도 그런 까닭이다. 그러나 타인의 생각이나 의견에 너무 지나치게 신경 쓰다 보면 개인의 자유가 줄어들 수밖에 없다. 자신의 모든 행동에 대해 일일이 신경 쓰다 보니 정작 인식의 지평을 넓히는 일에는 소홀해진다.

성에 대한 죄책감

성적 죄책감을 느끼는 주된 동인은 대부분 종교에 있다. 많은 종교들이 성을 죄악시하였으며, 성에 대한 도덕적 판단은 유전병처럼 세대를 이어져왔다. 예를 들어 자신의 가치체계에 비도덕적이라고 여겨지는 성적 표현을 듣게 되면 죄책감과 수치심을 느낀다. 자위, 혼전 성관계, 동성연애 등 성행위와 관련한 모든 말을 사악한 것으로 간주한다. 그 결과 많은 사람들이 성에 대한 다양한 형태의 콤플렉스와 죄의식을 지니게 되었다.

문제는 어린 시절부터 성에 대한 죄의식을 가지고 있었기 때문에 성인이 돼서도 성행위에 대해 거부감을 느낀다는 것이다.

타인에게 피해를 주지 않는 한 성적 표현에 대해 죄책감을 가질 필요가 없다. 무엇보다 성은 옳거나 그르거나를 따질 수 있는 문제가 아니다. 성적 죄책감 역시 그저 외부에서 주입된 가치 판단일 뿐이다.

종교가 만들어내는 죄책감

종교는 지금까지 말한 어느 사회적 요인보다도 죄책감 개발에 몰두해왔다. 많은 교파들이 '완전성'에 대한 잘못된 이해로 신도들에게 죄책감을 심어주었다.

종교에서 말하는 모든 판단의 근거는 완전무결함에 바탕을 두고 있다. 종교는 완전한 것은 '선', 불완전한 것은 '악'이라고 말한다. 완전성에 대한 이러한 잘못된 해석은 인간과 세상에 대해 제대로 이해하기 어렵게 만들었다.

똑같은 물질이라도 현미경을 통해 들여다보면 전혀 다른 모습을 하고 있는 것을 발견할 수 있다. 동식물을 통틀어 어떠한 것도 완전히 똑같은 것은 없다. 이는 생물학적, 생리학적, 심리학적, 형이상학적으로 이미 검증된 사실이다. 그런데도 어떤 종교들은 신의 존재와 경전을 모두 똑같은 방식으로 이해하기를 요구하며 신도들을 불행의 구렁텅이에 몰아넣기도 한다.

세상 어디에도 절대적인 것은 없다. 모든 것은 상대적이다. 윌리스 스티븐스^{Wallace Stevens}는 이에 대해 이렇게 말하였다.

마을로 향한 다리를 건너는 20명의 사람

20개의 다리를 건너

20개의 마을로 가고 있구나.

역설적이게도 완전성을 갖추기 위해서는 우리에게 불완전한 구석이 있어야 한다. 내 말이 언뜻 이해되지 않을 수도 있다. 우리는 불완전성을 통해 성장을 배운다. 인류는 불완전했기에 창의력을 발휘하도록 동기부여가 됐다. 반대로 완전하다는 것은 정신적, 정서적, 영적 개발이 전혀 필요치 않다는 말과 같다. 따라서 죄책감으로 덧씌워지지 않은 상태에서 정신적, 정서적, 영적으로 성장할 수 있는 자유가 허용되어야 한다.

불완전한 것을 '악'이라고 생각하는 사람들은 죄와 실수 속에서 어떠한 가치도 발견할 수 없다. 하지만 어느 종교 지도자도 인간이 실수를 통해 배운다는 사실은 부정하지 않는다. 훌륭한 업적을 남긴 역사적 인물들을 살펴보면 하나같이 자신의 불완전함을 바탕으로 창조적 힘을 발휘하였다.

그렇다면 이렇게 말할 수도 있을 것이다. 완전하다는 것은 곧 불완전하다는 뜻이기도 하다. 왜냐하면 완전함 속에는 '불완전함'이 결핍되어 있기 때문이다. 이를 인식하게 될 때 우리는 죄책감을 보다 넓은 안목으로 바라볼 수 있을 것이다. 자신의 실수나 단점 등은 고쳐나가야 할 것이지, 죄가 아니다.

스스로에게 부여하는 죄책감

죄책감 중에서 가장 파괴적인 형태는 스스로가 부여하는 것이다. 이러한 유형의 죄책감은 스스로 도덕적이지 않다고 느낄 때 생긴다. 이런 경우는 주로 과거의 행적 중 지혜롭지 못했던 일을 깨달으면서 시작된다. 우리가 끊임없이 죄책감에 시달리는 것은 과거에 대한 일종의 보상심리라고 할 수 있다. 스스로 지난 일에 대해 반성하고 있음을 자신에게 보여주고자 하는 것이다. 과거의 행위에 대해 자신을 채찍질함으로써 현재의 나를 바꾸려는 시도이기도 하다.

그러나 우리가 미처 깨닫지 못하고 있는 것이 있다. 당신의 인식 수준이 부족해 실수한 것을 지금에 와서 자책한들 과거의 일은 돌이킬 수 없다는 사실이다.

죄책감은 '과거로부터 배운다'는 것과는 전혀 다른 차원의 이야기다. 죄책감은 현재의 나를 옭아맬 뿐 결코 교훈을 주지 못한다.

만약 과거의 실수에서 무언가를 배우고 싶다면 죄책감을 느낄 것이 아니라 그 일에 대해 책임을 져야 한다. 책임은 자신의 잘못을 순순히 인정하고 다시는 되풀이하지 않겠다는 각오를 통해 이루어진다. 반면 죄책감은 일종의 책임 회피다. 이는 나는 지금 그 일에 대해 충분히 괴로워하고 있으니 더 이상 책임을 묻지 말아 달라는 것과 같기 때문이다. 실제로 죄책감에 시달리는 사람들은 그저 괴로워만 할 뿐 자신을 바꿀 생각은 전혀 하지 않는 경우가 많다.

자신의 인생에 대해 책임을 지고 싶다면 절대 죄책감을 짊어져서는 안 된다. 죄책감은 자기 확신을 세워주지 못한다. 단지 과거라는 감옥에 가둬놓고 옴짝달싹하지 못하도록 족쇄만 채울 뿐이다. 죄책 감을 짊어진 어깨에 어떻게 책임감을 얹을 수 있겠는가?

죄책감에는 언제나 처벌이 뒤따른다. 의기소침, 무기력, 자신감 결 핍, 낮은 자존감, 그밖에 온갖 종류의 신체 기능 장애와 자신과 타인 을 사랑하지 못하는 마음 등이 여러 가지 형태로 나타난다. 자기 자신 을 용서하지 못하는 사람은 타인 역시 용서하지 못한다.

그렇다고 자신의 실수를 무조건 용납하라는 뜻이 아니다. 실수는 눈에 들어온 티끌처럼 처리되어야 한다. 실수를 깨닫는 순간 재빨리 교정해야 한다는 뜻이다. 그렇지 않으면 아픈 눈을 부여잡고 고통에 몸부림치다가 결국 시력을 영영 잃어버릴 수도 있다. 문제를 알게 된 이상 자신을 정죄하거나 자책하지 마라. 대신 최대한 빨리 제거하라. 빨리 없앨수록 그에 따른 고통에서도 빨리 해방될 것이다. 그 이후에 야 비로소 당신은 삶에 대한 자신감을 통해 내재해 있는 무한한 잠재 력을 펼칠 수 있을 것이다.

과거로부터 배우다

자기 확신에 이르기 위해서는 과거로부터 배워야 한다. 이미 벌어진 일을 두고 자신을 정신적으로 괴롭히거나 죄책감, 수치심을 느끼는 것은 귀중한 시간과 에너지를 낭비하는 일이다. 이러한 부정적인 감정은 당신의 주의력을 과거에 집중시켜 현재의 인생 경험을 바꾸는 데 훼방만 놓을 뿐이다.

과거에 집착하면서 현재의 삶을 창조적으로 살아가기란 거의 불가능하다. 우리의 마음은 2개의 실재를 동시에 담아낼 수 없기 때문이다. 삶은 우리가 더 마음을 쓰고 있는 것을 반영하기 마련이다. 만약 당신이 곤경에 처했더라도 상황을 낙관적으로 바라보며 이를 극복하기 위해 애쓴다면 실제로 그렇게 될 것이고, 반대로 절망하고 의기소침해져 아무런 행동도 하지 않는다면 인생도 아무런 변화가 없을 것이다.

과거에 이미 말했거나 행동했던 것, 또는 해야 했지만 하지 못했던 말이나 행동에 신경을 쏟는 한 현재는 온통 좌절과 분노, 혼돈으로 가득 찰 것이다.

우리에게 필요한 것은 '항상 최선을 다하고 있다'는 사실을 기억하는 것뿐이다. 당신이 내린 모든 결정과 행동은 그 당시의 인식 수준에 기반을 둔다. 당신은 그때의 인식 수준보다 더 나은 존재가 될 수 없었다. 잘못된 자기인식은 이처럼 잘못된 경험을 부른다. 하지만 이런 실수를 통해서 자기인식도 확장된다. 만약 과거의 실수가 없었다면 현재의 당신도 있을 수 없다. 당신이 오늘 과거의 실수를 깨달았다면 그것은 과거의 자신보다 한층 성숙해졌다는 뜻이다. 따라서 실수를 했을 때는 죄책감을 갖기보다는 고마워해야 한다. 만약 그때 실수하지 않았더라면 과거로부터 한 발치도 성장하지 못했을 것이나.

여러 신화를 살펴보면 인간은 '신의 성품과 모습'을 본떠서 빚어졌다고 말한다. 이 말이 사실이라면 우리는 이미 완전한 존재임에 틀림없다. 다만 우리의 인식 수준이 이를 방해하고 있을 뿐이다. 만약 이 진리를 마음 깊숙이 받아들일 수 있다면 당신은 보다 자신감 넘치는 삶을 살 수 있을 것이다.

죄책감 일기를 써라

죄책감에서 벗어나는 데 도움이 될 만한 습관을 소개하겠다. 지금부터 3주 동안 자신의 행동을 객관적으로 관찰하여 죄책감에 관한 일기를 써보라. 노트를 만들어서 다음과 같은 일들이 일어날 경우에 상세히 기록하라.

- 당신이 누군가에게 죄책감을 불러일으키려고 시도할 때
- 누군가 당신에게 죄책감을 갖도록 부추길 때
- 당신 스스로 죄책감을 부여하려고 할 때

죄책감 일기를 씀으로써 자신이 죄책감과 씨름하느라 얼마나 많은 공력을 허비하고 있는지 깨달을 수 있을 것이다. 만약 자신이나 타

인에게 죄책감을 느끼게 하려는 마음이 들면 즉시 중단하고 바로잡아야 한다. 이러한 시도가 습관으로 굳어지면 얼마 지나지 않아 당신은 더 이상 죄책감과 씨름하지 않게 될 것이다.

누군가가 당신에게 죄책감을 부여하려고 시도하면 그들에게 그런 행위가 소용없다는 사실을 깨닫게 해줘라. 죄책감의 노략자에게 이제 당신이 만만한 상대가 아니라는 사실을 일깨워주라. 그들은 너무나 오랫동안 죄책감을 이용하여 당신을 다뤄왔기 때문에 처음에는 당신의 저항을 인정하지 않으려고 할 것이다. 그러나 일단 당신이 더 이상 타인의 평가에 목말라하지 않는다는 사실을 깨닫게 되면 지금까지 당신을 조종하려고 했던 모든 시도를 그만둘 것이다.

POINT

● 대부분 사람들은 죄책감을 통해 상대를 지배하려는 성향을 갖고 있다. 누군가 당신에게 '섭섭하다'라고 한다면 당신은 즉각 죄책감을 느끼게 될 것이다. 그리고 호감을 다시 얻기 위해 무엇을 할 것인가를 고민하게 된다. 당신도 상대에게 그런 방식으로 죄책감을 이용하고 있을지도 모른다.

● 죄책감을 이용하는 방식 중 한 가지는 도덕성을 강조하는 것이다. 하지만 도덕이란 절대적인 진리가 아니다. 진리는 불변하지만 도덕은 시간과 장소에 따라 얼마든지 바뀔 수 있다.

● 우리가 죄책감을 느끼는 방식은 다양하다. 특히 다음과 같은 이유와 형태로 죄책감을 갖기 쉽다.

  – 부모가 자녀에게 부여하는 죄책감 : 잘못된 행동에 대해 '너는 나쁜 아이야'라고 말함으로써 아이는 타인을 기쁘게 하는 행동양식을 발전시킨다.

  – 사회로부터 주입된 죄책감 : 타인이 나에 대해 어떻게 생각할까를 염려하게 만든다. 겉치레나 형식에 집착하게 되고, 타인의 시선을 신경쓰게 된다.

  – 스스로에게 부여하는 죄책감 : 가장 파괴적인 형태의 죄책감이다. 이는 현재를 살지 못하고 과거에 얽매여 있게 만든다. 잘못을 저질렀을 때 필요한 것은 죄책감이 아닌 그 일에 대한 책임이다.

  이 외에도 자녀가 부모에게 부여하는 죄책감이나 성에 대한 죄책감, 종교가 만들어내는 죄책감 등이 있다.

● 죄책감에서 벗어나기 위해서는 자신의 행동을 객관적으로 관찰하여 죄책감에 관한 일기를 쓰는 것이 도움이 된다.

The Ultimate Secrets of
Total Self-Confidence

여섯 번째 비밀

무조건 사랑할 것!

사랑의 힘을 부정하는 사람은 아무도 없을 것이다. 사랑은 모든 영감의 원천이며 역사를 뒤바꾼 힘이었고 인류를 하나로 묶는 끈이다.

사랑에 대해서는 수많은 정의가 존재하지만 그 중 무엇 하나 완전한 정의는 없다. 때때로 사랑은 이중적인 속성을 띠면서 똑같은 행위에 대해서도 누구는 사랑이라 말하고 누구는 사랑이 아니라고 말하기도 한다.

그렇다면 과연 사랑이란 무엇일까? 그걸 알기 위해서는 먼저 '사랑이 아닌 것'에 대해 알아야 한다. 이를테면 사랑은 증오, 폭력, 야심, 경쟁은 아니다. 이에 대해서는 어느 누구도 이의를 제기하지 않을 것이다. 사랑은 순간적인 끌림도 아니다. 매혹은 외부로 드러나는 특징에만 몰두하는 경향이 있다. 하지만 사랑은 그보다는 좀 더 내면에 치중한다. 예를 들어보자. 남자가 잘생겼다는 이유만으로 결혼한 여자는 나중에 남편이 자기 외모밖에 신경 쓰지 않는다고 불평한다. 남자의 지성이 마음에 들어 결혼한 여자는 남편이 자신을 멍청하게 생각한다고 비난한다. 착실하고 예의가 발라 결혼을 했는데 곧 남편이 너무 재미없고 따분하다는 사실을 알게 된다. 남자의 돈을 보고 결혼했지만 결혼 후에는 남편이 온통 사업 생각밖에 없다고 불평한다. 섹시한 남자와 결혼한 여자는 남편이 다른 여자들에게도 성적 매력을 발산할까봐 조바심을 낸다.

이와 같은 예를 사랑이라고 보기는 힘들다. 일순간 혹했다고 보는 것이 타당하다. 물론 남자의 경우에도 마찬가지다. 그렇다면 사랑이란 무엇일까? 내가 생각하는 사랑이란 상대의 실존적 인격을 지지하고자 하는 마음이다. 사랑은 타인이 정서적, 정신적, 영적으로 자랄 수 있도록 돕는다. 만약 당신이 사랑하는 사람을 힘들게 하고 있다면 그것은 사랑이 아니다. 사랑은 타인을 자신의 구미에 맞도록 변화시키려고 하지 않는다. 이 세상의 유일무이한 존재로 받아들이며 완전한 자유를 허락한다.

사랑은 또한 조건이 아니다. "당신이 나를 사랑한다면 나도 사랑할게", "우리 부모님께 잘한다면 너를 사랑하겠어", "내 말을 잘 들을 때만 사랑해"와 같이 조건을 건다면 이는 사랑이 아니다.

한편 많은 현대인이 애정 결핍에 시달리고 있는데 이는 어린 시절 사랑받고 있다는 느낌을 충분히 받지 못해서다. 그런 아이들은 커서도 타인을 사랑하고 사랑받는 일에 무척 서툴다. 자신이 어떤 조건 때문이 아니라 존재 자체만으로도 충분히 사랑받을 만한 가치가 있다는 사실을 깨닫지 못한다.

어린 시절에 사랑을 배우지 못한 것이 이후 인생에 어떤 식으로 영향을 끼칠까? 예를 들어서 어린 시절에 사랑을 받지 못한 소녀들은 성장한 뒤 자신이 가치 있는 존재라는 사실을 피부에 와 닿게 해줄 사람을 필요로 한다. 이들은 자신이 그토록 듣고 싶어 했던 말, 즉 자신에게 사랑한다고 말해준 첫 번째 남자와 결혼할 가능성이 크다. 물론 해피엔딩으로 끝나기도 하지만 모두 그런 것은 아니다. 무엇보다 여자의 애정결핍이 사랑하고 사랑받는 일을 방해한다.

여자의 내면 깊숙이 자리한 열등의식을 눈치 챈 남자는 종종 그녀의 결핍감을 이용하여 여자를 지배하려고 든다. 여자는 자신을 진정으로 사랑하는 법을 모르기 때문에 타인의 인정에 집착하는 경향을 보인다. 결국 정서적, 육체적, 정신적 고통을 받다가 끝끝내 이혼 법정에 서게 되는 경우가 많다. 이혼을 하고서도 전 남편보다 더 심각한 상태의 남자를 만날 가능성이 크다.

자존감과 자기 확신을 갖지 못한 상태에서는 누구를 만나더라도 상황이 비슷할 수밖에 없다. 타인을 괴롭히거나 스스로를 괴롭히거나 둘 중 하나이다. 반면 어린 시절에 자존감을 획득하고 자신과 타인을 수용하는 법을 배운다면 이러한 비극은 피할 수 있을 것이다.

그런데 우리가 사랑에 대해 오해하고 있는 것이 있다. 서로 사랑한다고 하면 모든 것을 함께해야 한다는 생각이다. 서로 같은 생각, 같은 가치관, 같은 미래를 가져야 한다는 것이다. 하지만 이는 불가능한 일일 뿐더러 진정한 사랑도 아니다.

우리는 개개의 독립된 인격체이다. 사랑을 나눌 수는 있어도 두 존재를 하나로 결합시키는 일은 불가능하다. 만약 당신이 누군가를 사랑하고 있다면, 그를 자신에게 맞추려고 하지 말고 존재 자체를 인정해야 한다. 불합리한 요구와 기대들로 관계의 숨통을 죄지 않을 때 당신과 상대의 관계는 더욱 친밀해지고 성숙해진다. 그런데도 많은 사람들이 이 간단한 진리를 실천하지 못해, 심지어 깨닫지 못해 사랑의 감옥에 자신과 상대를 가둬버린다.

이 말을 꼭 기억하자.

"나는 이 세상에 혼자 왔고, 또 혼자 떠날 것이다."

자신이 독립된 인격체라는 사실을 깨달아야 상대방의 가치도 더욱 인정해줄 수 있다. 진정한 사랑은 진정한 자유에 의존한다. 오직 자유로운 사람만이 사랑에 있어서도 여유로워질 수 있다.

영원한 사랑의 맹세는 정말 어리석은 짓이다. 매우 달콤하게 들리지만 텅 빈 약속이다. 사랑은 순간순간의 경험과도 같은데 어떻게 모든 순간이 영원하기를 바라겠는가. 어제의 사랑은 이미 써버렸고, 내일의 사랑은 아직 오지 않았으며, 오늘의 사랑은 지금 해야만 하는 것이다. 결국 사랑은 각자의 필요를 충족시키고 그 관계에 기여하는 동안만 지속된다. 사랑의 가치 또한 여기에 있다. 바로 개개인의 관계를 결속시켜주는 것이다. 계약서를 100만 번 쓰는 것보다 사랑의 결속력이 훨씬 강하다.

모든 사람이 사랑받기를 원한다. 당신이 만나는 어떤 낯선 사람도 그 내면에서는 이렇게 외치고 있다.

"제발 나를 사랑해주세요!"

물론 사랑받기를 원하는 사람의 행동치고는 도저히 이해하기 힘든 측면도 있을 수 있다. 하지만 그것조차도 본질은 사랑받기 위해 하는 행동이다. 다만 사랑하고 사랑받는 법을 몰라 왜곡된 형태로 드러날 뿐이다. 어떤 사람은 자신이 누구에게도 사랑받기를 원하지 않는다고 말하기도 한다. 하지만 스스로 느끼지 못할 뿐 이것 역시 또 다른 형태의 애정 갈구이다. 사랑을 받지 못할까봐 두려운 나머지 미리 방패막을 치는 것이나 다름없다.

대부분의 사람들이 자신은 현재 충분히 사랑받지 못하고 있다고 여긴다. 이는 어린 시절에 받은 무한한 애정과 보살핌을 사랑의 잣대로 삼기 때문이다. 우리는 어린 시절에 어떤 잘못을 저지르더라도 쉽게 용서받았고, 책임감을 요구받지도 않았다. 때문에 우리는 과거의 완벽한 느낌을 다시 얻기 위해 애쓴다. 외모가 멋지면, 돈을 많이 벌면, 사회적으로 성공하면 다시 그때처럼 사랑받을 수 있을지도 모른다고 믿으면서 말이다. 하지만 우리가 성인이 된 이상 이는 불가능한 일이다.

우리의 일상을 들여다보자. 우리는 식재료를 사기 위해 시장에 가고, 교육을 받기 위해 강의실에 들어가고, 건강을 위해 의사를 찾고, 집을 짓기 위해 건축업자를 부른다. 머리를 다듬기 위해 미용실에 가고, 옷을 사기 위해 백화점에 간다. 사랑에 있어서도 마찬가지다. 우리는 사랑을 얻기 위해 타인에게 다가간다. 그러나 사랑은, 말 앞에 달아놓은 당근처럼 항상 거기에 그러나 닿지 않는 곳에 있다.

당신을 사랑해줄 타인을 찾아 헤매지 마라. 그런 삶은 늘 실망스러울 수밖에 없다. 사랑은 먼저 자기 자신을 사랑하는 데에서 출발해야 한다. 자신을 사랑하지 않는 사람이 어떻게 타인에게서 그 사랑을 찾을 수 있겠는가? 당신 스스로 사랑을 만들어라. 세상을 사랑으로 감싸안을 때 비로소 그 보답으로 사랑은 당신의 것이 된다.

잊지 말아야 할 것은, 우리는 우리의 사랑을 다른 이에게 줄 수 없다는 사실이다. 우리는 단지 사랑을 진행시켜 나갈 뿐이다. 사랑을 진행시켜 나간다는 것은 자신의 마음과 생각, 육체, 인생, 내면의 창조자로부터 부여받은 사랑의 힘을 배워나간다는 뜻이다. 나무, 꽃, 동물, 햇볕, 바람, 흙 등 당신이 보고 만지고 맛보는 모든 사물을 있는 그대로 사랑하는 법을 익혀라.

혹시 사람들이 자신의 자동차를 어떻게 대하는지 유심히 관찰해본 적이 있는가? 어떤 사람은 자동차를 마치 인격체처럼 대하며 대화를 나누기도 한다. 놀랍게도 이런 차들은 아무리 오래 타고 다녀도 잔고장 하나 없이 쌩쌩 달린다. 무생물도 사랑을 느끼는 것이다. 믿지 못하겠는가? 금속원자들이 각각의 사람에 대해 다르게 반응한다는 것은 이미 과학적으로 증명된 사실이다.

사랑은 우리의 가장 강력한 욕구 중 하나이다. 행동과학자들에 의하면 부정적인 인격장애를 초래하는 것은 '사랑받음의 결핍'이 아니라 '사랑함의 결핍'이라고 한다. 실제로 어느 사회복지가가 비행 청소년들을 위한 목장 기숙시설을 운영하면서 이를 입증하였다. 그는 청소년들에게 숙식과 함께 사랑을 쏟을 수 있는 대상으로 소, 말, 개 등을 주고 그 동물들을 돌보게 했다. 그러자 놀라운 일이 벌어졌다. 그토록 거칠던 아이들이 몰라보게 변한 것이다. 늘 자신과 타인에게 불만을 품고 있던 아이들이 점차 자신과 타인을 사랑하게 된 것이다. 단지 사랑하는 법을 가르쳤을 뿐인데 말이다.

자신에게 일어나는 모든 일을 사랑하라

'타인을 사랑하려면 우선 자기 자신부터 사랑해야 한다'라는 말은 일견 자기중심적인 철학으로 보일 수 있다. 그러나 지구상의 모든 인간이 서로 연결되어 있다는 사실을 깨달으면 이 주장이 결코 이기적이지 않다는 사실을 알 수 있다.

우리의 신체 각 부분이 유기적으로 연결되어 있는 것처럼 인간 개개인은 다른 사람의 연장선상에 있다. 만약 우리 몸의 한 부분이 병균에 감염되면 몸 전체에 이상이 생기듯 나와 타인의 관계 역시 마찬가지다. 타인에게 정신적, 육체적으로 상처를 입히는 것은 곧 자신을 해치는 것과 같다. 강도나 사기꾼을 보라. 결국에는 감옥에 갇히고 만다. 동료를 흉보거나 따돌리는 사람도 마찬가지다. 결국 평판이 나빠져 자신이 저지른 짓을 고스란히 되돌려받는다. 동양에서 말하는 인과응보인 셈이다.

바로 이러한 이유 때문에 우리는 "세상이야 어떻게 되든 말든 나만 잘살면 돼"라고 말할 수 없다. 행복하지 않은 세상에서 어떻게 행복해질 수 있겠는가? 인류의 동질의식을 고양시키고자 하는 거룩한 욕구는 우리 모두에게 잠재되어 있다.

당신에게 일어나는 모든 일을 사랑하라. 그 경험이 당신을 더욱 성숙한 사람으로 만들어줄 것이다. 설사 누군가가 당신에게 불공평하게 대하더라도 그 사람을 용서하는 법을 배워야 한다. 용서도 사랑의 일부이기 때문이다.

나에게 일어난 모든 일은 내 삶에 교훈을 주기 위해서 벌어진 일이다. 이를 의식적으로 되새겨야 한다. 인생의 모든 일에 대해 자신이 어떻게 대하고 있는지 살펴보면 당신이 사랑의 의미를 제대로 이해하고 있는지 그 여부를 알 수 있다. 당신이 사랑의 진정한 의미를 깨달으면 당신은 새로운 차원의 성공, 번영, 평화, 성취를 얻게 될 것이다.

매일 자기 자신에게 이렇게 말해보라.

"나는 사랑의 의식 속에서 자라고 있다."

이 말을 할 때마다 당신의 삶은 보다 경이로운 형태로 당신에게 다가올 것이다.

많은 사람들이 사랑의 결핍으로 인해 타인을 미워하고 비난하며 살아간다. 냉소적으로 타인을 바라보고 그들의 모든 행동에 대해 비꼬고 깔아뭉개 그들이 스스로를 쓸모없는 존재로 여기도록 만든다. 부정적인 사람들은 자신의 말이 얼마나 파괴적인지 알면서도 자기 마음속에 있는 적대감을 표출하기 위해 타인을 이용한다. 그들의 말에서 사랑이나 인정은 결코 찾아볼 수 없다. 어떤 사람들은 자신의 야비한 말투를 솔직함이나 객관적 평가, 건설적 비판 등으로 합리화하려고 든다. 하지만 그들이 가진 뛰어난 능력은 타인의 약점을 재빨리 알아채 어떻게 하면 타인에게 상처를 입힐 수 있는지 알고 있다는 것뿐이다.

나는 몇 년 전에 부부들을 위한 세미나를 연 적이 있다. 우선 청중에게 배우자의 장점을 10가지씩 적어보라고 요청했다. 제일 먼저 끝낸 사람에게는 상을 주기로 하였다. 흥미로운 것은 몇몇의 사람들은 누군가 목록을 제출할 때까지 배우자의 장점에 대해 단 한 줄도 쓰지 못했다는 사실이다. 자기 인생의 동반자에게서 단 하나의 장점조차 발견할 수 없다니 정말 놀랍지 않은가? 이러한 사람들이 배우자에게 어떠한 정신적, 육체적 고통을 줄지에 대해서는 굳이 말하지 않겠다.

식물에게 말을 걸거나 음악을 틀어주면 훨씬 무성하게 잘 자란다는 것은 이미 알려진 상식이다. 반대로 욕설을 뱉거나 미워하는 감정을 가지면 시들다가 말라죽는다. 하물며 식물도 이러한데 인간은 어떻겠는가?

타인의 행복에 공헌하라

어떤 인간도 홀로 살아갈 수 없다. 우리는 서로 도움을 주고 도움을 받으며 살아간다. 아무리 돈이 많아도 주변에 사랑을 나눌 사람이 단한 명도 없다면 행복하다고 말할 수 없을 것이다. 우리가 사랑을 베푸는 이유는 타인을 위해서가 아니라 철저히 나를 위해서이다. 사랑에 빠진 사람의 얼굴을 보라. 얼마나 행복한 표정인가? 그들은 어떠한 희생을 감수하더라도 사랑한 것에 대해 억울해하거나 아까워하지 않는다. 그것이 바로 사랑의 위대한 힘이다.

사랑을 실천하는 첫 단계는 타인의 행복에 공헌하는 일이다. 이는 곧 자신의 행복으로 이어진다. 내 말이 언뜻 이해되지 않을 수도 있지만 이는 사실이다. 다른 사람의 일이 잘될 수 있도록 도울 때 자신의 일도 성공을 거둘 수 있다. 예를 들어보겠다. 어느 두 사람이 식당을 운영하고 있다. 한 사람은 종업원들을 마치 가족처럼 여기며 적정 임금과 휴무, 복지혜택을 제공하고 있는 반면 다른 한 사람은 종업원을 노예처럼 부려먹는다. 임금 또한 쥐꼬리만큼 지불하며 자신의 마음에 들지 않으면 욕설을 퍼붓는다. 두 식당 중 어느 곳이 더 장사가 잘될까? 당연히 첫 번째 사람이 운영하는 식당이다. 그 식당의 종업원들은 사장이 시키지 않아도 열심히 일하며, 이는 곧 손님에 대한 서비스로 이어진다. 반면 두 번째 식당의 종업원들은 사장이 보는 앞에서는 열심히 일하는 척 하겠지만, 뒤에서는 꾀를 부릴 것이다. 음식은 날로 형편없어지고 서비스 역시 불친절하다. 사장 혼자 아무리 애쓴다 한들 결국에는 손님이 모두 떠나버리고 말 것이다. 반대로 종업원의 경우도 생각해볼 수 있다. 사장을 위해 열심히 일한 종업원은 보너스를 받겠지만, 농땡이를 피우며 건성건성 일한 종업원은 해고를 당할 것이다. 이처럼 타인의 행복에 공헌하는 것은 곧 자신의 행복으로 돌아온다.

모든 일이 이와 같다. 만일 당신의 직업이 교사라면 당신이 얼마만큼 학생을 위해 애썼는가에 따라 성공이 결정된다. 단 자신이 원하는 것을 타인에게 해주는 것이 아니라 타인이 원하는 것을 해줘야만 한다.

언뜻 보면 손해 보는 일처럼 여겨질 수도 있다. 하지만 전혀 그렇지 않다. 당신이 타인에게 헌신적일수록 타인은 당신에게 감사하는 마음을 가질 것이다. 그들 또한 어떻게든 당신에게 도움을 주고 싶어 할 것이다. 타인을 돕는 법을 배울 때 우리의 인간관계는 비로소 성숙해진다.

사랑을 실천하고 싶다면 먼저 타인으로 하여금 자신이 얼마나 소중한 존재인지 깨닫도록 하라. 그들이 무한한 잠재력의 소유자라는 사실을 일깨우라. 우리가 사람들에게 줄 수 있는 가장 위대한 선물은 그들이 자신의 위대함과 잠재력에 대해 눈을 뜨도록 돕는 일이다.

사람들의 장점을 끄집어내고 격려함으로써 우리 자신도 도울 수 있다. 우리 내면에 있는 사랑의 욕구를 충족시켜줄 뿐만 아니라 각각의 긍정적인 행동들이 긍정적인 반응을 이끌어내어 자기 확신을 키워간다. 에멧 폭스Emmet Fox는 이 점에 대해서 이렇게 말했다.

"사랑에 대해 제대로 깨닫기만 해도 모든 문제가 해결된다. 사랑의 힘으로 불가능한 것은 없다. 사랑으로 고칠 수 없는 병, 사랑으로 열 수 없는 문, 사랑으로 용서받을 수 없는 죄, 사랑으로 허물 수 없는 담은 없다. 사랑은 우리를 가장 높은 차원에 이르게 한다."

나 역시 사랑의 힘을 느끼며 살아간다. 나는 주변의 모든 것과 내가 하는 모든 일을, 청중에게 강의하는 것을 사랑한다. 그리고 무엇보다 여러분을 향해 이 책을 쓰고 있는 지금 이 순간을 사랑한다.

- 사랑은 상대의 실존적 인격을 지지하려는 마음이다. 때문에 사랑은 타인이 정서적, 정신적, 영적으로 자랄 수 있도록 돕는다.

- 사랑은 타인을 자신의 구미에 맞게 변화시키려고 하지 않는다. 그를 이 세상의 유일무이한 존재로 받아들이며 완전한 자유를 허락한다.

- 자존감과 자기 확신 없이는 누구를 만나더라도 타인의 인정을 갈구하게 되고, 상대는 그런 결핍감을 이용한다. 이런 상황을 만들지 않기 위한 노력이 필요하다.

- 사랑을 하면 모든 것을 함께해야 한다는 생각은 불가능한 일일뿐더러 진정한 사랑이라고도 할 수 없다.

- 당신을 사랑해줄 타인을 찾아 헤매지 마라. 사랑은 먼저 자기 자신을 사랑하는 데에서 출발해야 한다. 당신 스스로 사랑을 만들어라. 세상을 사랑으로 감싸안을 수 있을 때 비로소 사랑은 당신의 것이 된다.

- 타인에게 정신적, 육체적으로 상처를 입히는 행동은 자신을 해치는 것이나 다름없다. 세상이야 어떻게 되든 상관없다고 말할 수 없다. 행복하지 않은 세상에서 행복해질 수 없기 때문이다.

- 스스로에게 "나는 사랑의 의식 속에서 자라고 있다"라고 말하라.

- 사랑을 실천하는 첫 단계는 바로 타인의 행복에 공헌하는 것이다. 이는 곧 자신의 행복으로 이어진다.

기 적 의
자신감 수업

7강

일곱 번째 비밀

마음, 당신이 진짜 관심 둬야 할 것

인간이 다른 동물과 구별되는 중요한 속성 중 하나는 바로 '마음'이다. 우리는 "마음에 안 들어", "마음이 아파", "마음먹은 대로 안 돼", "마음이 변했어" 등 하루에도 수십 번씩 자신의 마음에 대해 말한다. 마음은 현재의 자신을 말해줄 뿐만 아니라 삶의 동력이기도 하다. 마음이 없는 상태에서 무슨 일을 하는 것은 끔찍이 괴롭다. 하지만 우리는 이토록 마음에 의지하는 것에 비해 마음의 실체에 대해서는 잘 알지 못한다. 수많은 과학자가 마음의 정체에 대해 연구하고 있지만 뚜렷한 해답을 내놓지 못하고 있다. 그럼에도 우리는 마음이 인간에게 주어진 위대한 선물이라는 사실을 알고 있다.

마음은 자기 자신뿐만 아니라 타인, 더 나아가 세상을 움직이는 힘이다. 만약 당신이 인생의 고비에 서 있다면, 그래서 문제의 해결방안과 자기 확신을 구하고 싶다면 바깥으로 눈을 돌릴 것이 아니라 자신의 내면부터 들여다보아야 한다.

모든 해답은 내 안에 있다. 책을 읽거나 학위를 따거나 획기적인 돌파구를 구하지 않더라도 우리는 이미 어려움을 극복할 만한 충분한 지혜를 가지고 있다. 그런데도 많은 사람들이 자신과 인생에 대해 확신을 갖지 못한 채 주변을 기웃거린다. 내면의 평화와 영적인 성장을 위해 몸부림친다. 자신밖에는 그 어떤 것도 도움이 되지 않는다는 것을 알지 못한 채 말이다. 이는 가족도, 친구도, 직장 상사도, 국가도, 종교도 해줄 수 없는 일이다.

이미 자기 안에 그 어떤 것도 충분히 해낼 수 있는 잠재력이 숨어 있는데도 바깥에서 그 힘을 찾으려고 애쓴다. 특히 학교와 정부단체, 그리고 종교는 개인을 지배하고 사회질서를 유지하기 위해 미묘한 의존적 분위기를 형성해오고 있다. 그 결과 대부분의 사람들이 도움을 찾기 위해 외부에서 헤맨다. 그들은 자신을 위해 마땅히 스스로 해야만 하는 일들도 다른 누가 대신 해주기를 바란다. 자신이 필요로 하는 모든 지혜와 통찰력, 인지력, 사랑 등이 이미 자신에게 있음을 깨닫지 못하고서 말이다.

마음을 다룰 수 있으면 삶이 달라진다

마음의 위력에 대해 좀 더 공부하기 위해서 우리는 마음을 의식, 잠재의식, 초(超)의식으로 세분화할 필요가 있다. 그렇다고 해서 우리가 세 종류의 마음을 가지고 있다는 뜻은 아니다. 각 단계에서 발현될 뿐 우리는 하나의 마음을 가지고 있다. 이를테면 공기와 같다. 내가 숨 쉬는 공기와 여러분이 숨 쉬는 공기가 다르지 않다. 우주에 존재하는 하나의 공기가 있고, 우리는 그 중 일부를 사용하고 있을 뿐이다.

마음도 이처럼 본질은 하나지만 어떻게 발현되느냐에 따라 영향력이 달라진다. 당신의 마음은 당신이 사용하고 있는 우주적 마음의 일부이며, 이를 다시 세 단계로 나눈 것뿐이다. 다만 그 경계가 딱 맞아떨어지는 것은 아니므로 각각의 이름이 각 단계를 정확히 보여준다고 확언할 수는 없다.

보다 내적으로 충만한 삶을 살고 싶다면 마음을 이루는 세 단계와 친숙하게 소통하면서 각각의 주요한 기능을 이해해야 한다. 이러한 단계들이 유기적으로 어우러진 상태가 곧 자기 자신이라고 말할 수 있다. 사람들은 그러한 총체적 결합물로서 자신을 인식하게 된다.

우리에게 일어나는 모든 감정적, 정신적, 육체적, 영적인 일은 우리의 마음, 다시 말해 외부 세계로부터 받은 느낌과 생각, 감각, 장면, 소리 등의 자극을 재생산해내는 거대한 전기적 힘이 펼쳐내는 상태라 할 수 있다. 이를 우리의 시각 능력에 비유해보자. 우리는 어떻게 두 눈으로 사물의 형상을 인지할 수 있을까? 사실 사물을 보는 것은 우리의 눈이 아니라 뇌다. 눈은 뇌에 메시지를 보내는 역할을 할 뿐이다. 이를 달리 해석하자면 우리가 내면의 심리세계에서 그리는 것은 무엇이 되었든 바깥세상에서도 그대로 만들어낼 수 있다는 것이다. 그것이 마음의 힘이다. 따라서 우리가 마음을 다룰 수 있다면 뇌가 사물을 그려내듯 우리의 삶 역시 다룰 수 있다.

과학자들은 원자의 우주 에너지 파장을 가볍게 톡 건들기만 해도 엄청난 에너지가 발생한다는 사실을 발견했다. 모하메드는 이러한 힘에 대해 "원자를 쪼개라. 그 가운데서 태양을 발견할 수 있다"라고 표현했다. 우리의 마음 역시 하나의 커다란 사이클로트론(원자를 분리하기 위한 이온 가속장치로서 물리학에서 사용되는 용어)이라고 할 수 있다. 원자에너지처럼 어마어마한 힘을 끌어낼 수 있다. 눈으로 볼 수는 없지만 마음이 그려내는 모든 것을 형태화하고 외부세계에서 이를 실재화할 수 있다. 마음은 역동적이면서도 창의적인 에너지를 내뿜는다. 따라서 어떤 생각이 마음속에 자리 잡으면 그 생각은 당신이 원하는 것을 만드는 데 필요한 모든 요소를 끌어당기기 시작한다. 흔히 '마음먹은 대로 세상 일이 이루어진다'라고 하는 것이 이 때문이다.

우리는 시간과 공간을 거슬러 로켓을 쏘아 올리는 과정에서 우주에 엄청난 전자기적 힘이 존재한다는 사실을 발견하였다. 이러한 힘들은 서로를 끌어당기는 인력引力과 서로를 밀어내는 척력斥力의 법칙 아래 작동한다. 지구와 태양, 그리고 다른 행성의 중력도 이러한 법칙을 따른다. 이와 유사한 전자기적 힘은 우리의 마음속에도 존재한다. 두뇌와 신체 각 부분을 잇는 신경의 흐름을 만들어낸 경이로운 체제를 고안한 우주적 지능을 생각해보라. 이 우주적 지능은 당신의 마음에도 작동하여 당신이 마음에 그리는 것을 현실로 구현해준다.

전기는 자성磁性을 지니고 있다. 이 세상은 온통 전자기로 가득 차 있으며 우리의 몸도 마찬가지다. 우리는 이를 꾸준히 인식하며 자력을 만들어가되 우리가 삶에서 원하는 것들을 끌어당겨야 한다.

정신적 끌어당김의 법칙

정신적 끌어당김의 법칙에 대해 간단히 설명하면 '사람에게는 자신이 꾸준히 생각한 것들을 끌어당기는 힘이 있다'는 것이다. 이쯤에서 에머슨의 말을 다시 한 번 상기하도록 하자.

"사람은 존재하는 대로 생각하는 것이 아니라 생각하는 대로 존재한다!"

정신적 끌어당김의 법칙은 자력의 물리적 법칙과 유사하다. 예를 들어 자석이 하나 있으면 어떤 쇠붙이건 자석에 달라붙는다. 하지만 자석은 쇠붙이만 끌어당길 뿐 다른 성질의 물질은 당기지 못한다. 같은 것은 같은 것을 끌어당기게 되어 있다. 자석이 왜 자석일까? 모든 분자들이 같은 방향으로 늘어서 있기 때문이다. 즉 각 분자들의 끄는 힘이 한데 모여 있는 것이다. 반면 보통의 금속들은 분자끼리 서로 밀고 당긴다. 우리는 자석의 분자 형태를 통해 하나의 목적을 중심으로 단결하면 얼마나 큰 힘을 낼 수 있는지에 대해 깨달을 수 있다.

자석에 S극과 N극이 있듯, 모든 생각들 역시 반대의 속성을 가지고 있다. 건강과 질병, 성공과 실패, 풍요로움과 빈곤함, 사랑과 증오 등등. 당신의 생각은 주로 어디에 가 닿아 있는가? 당신이 어디에 신경을 쏟든 당신이 관심을 갖는 대상은 당신에게 끌려온다. 뇌 세포가 자력을 지닌 생각의 파장을 보내면 그 파장은 어디로든 뻗어나갈 수 있다. 각 세포는 욕구세포로서 당신이 가진 욕구의 총합을 끌어내기 위해 다른 것들과 결합한다. 하지만 이때 그 결합의 대상이 부정적인지 긍정적인지에 대해서는 묻지 않는다.

때문에 자신이 원하는 것이 무엇인지 정확히 알고 있어야 한다. 그것을 모른다면 결국 혼돈만을 가져올 것이다. 당신은 어쩌면 "나는 질병을 원하지 않았는데도 항상 아프다"라고 말할 수도 있다. 하지만 당신이 일관되게 생각하고 있던 것은 무엇인가? 당신의 지배적인 관심이 어디에 쏠려 있었는지 생각해보라. 바로 병이었을 것이다.

저명한 교육자이자 형이상학자인 어니스트 홈즈$^{Ernest\ Holmes}$가 하루는 중병에 걸려 고생하는 친구를 만났다. 친구가 홈즈에게 병을 치료해달라고 부탁하자 그는 이렇게 대답했다.

"자네의 병은 내가 보기에 나름대로 제 할 일을 잘하고 있어. 자네의 건강을 위해서는 우선 자네부터 치료해야겠네!"

병의 역할은 원래 육체에 고통을 줘 경고를 하는 것이다. 그러니 자신이 아픈 것에 대한 책임을 병에게 물을 수는 없다. 기억하라, 유유상종이다. 당신이 집중하고 있는 것이 무엇인지에 따라 당신의 인생 역시 거기에 맞춰진다.

자신이 무엇을 원하는지 분명히 알지 못하는 사람들은 끊임없이 자신의 바람과 어긋나는 것들을 끌어모은다. 겉으로 보기에 사람들은 성공, 우정, 사랑, 행복, 평화 등 삶의 긍정적인 요소들만 원하는 것처럼 보인다. 하지만 정작 집중하는 것은 질투, 증오, 복수심, 원망, 욕심같이 원하는 것과 반대 속성을 지닌 것이다. 즉 자신이 원하지 않는 것, 피하고 싶은 일에 집중하기 때문에 정작 자신이 원하는 것을 끌어당기지 못하고 있는 것이다. 안타깝게도 이 놀라운 사실을 진짜로 이해하는 사람은 1000명 중 1명 정도뿐이다.

사람들에게 '소망 목록'을 적어보라고 하면 목록에서 매우 놀라울 정도의 유사성을 발견할 수 있다. 특히 공통적인 것은 모두 긍정적이라는 점이다. 인간은 누구나 오로지 긍정적인 것들만 허용한다. 실패나 질병, 가난이나 불행, 슬픔이나 절망 등을 원한다고 말하지 않는다. 하지만 자석이 양 끝에 '끌어당기는 힘'과 '밀어내는 힘'을 동시에 지니고 있는 것처럼 모든 긍정적인 요구에는 부정적인 욕구가 숨어 있다는 것을 깨달아야 한다. 우리는 평상시 이러한 존재들을 인식하지 못하는 경우가 많고, 그렇기에 자신이 무엇을 진정으로 원하는지 명확히 알고 있어야 한다.

부정적인 생각에 사로잡히지 마라

정신적 끌어당김의 법칙은 항상 우리가 진짜 원하는 것들만 끌어당기도록 작동한다. 결코 단순한 바람이나 일시적 기분, 스쳐가는 공상을 끌어당기지 않는다. 대부분의 사람들이 성공을 원한다고 말하지만 실상은 그렇지 않다. 예컨대 성공을 원하면서도 정작 자신에게 성공을 가져다주는 마음자세나 행동력에 대해서는 무관심하다.

우리는 사람들이 돈을 갖고 있기 때문에 성공하는 것이 아니라는 점을 명심해야 한다. 오히려 성공하였기 때문에 돈을 갖고 있는 것이다. 그런데도 대부분의 사람들이 성공의 결과만 원할 뿐 성공하기 위해 응당 치러야 할 노력에 대해서는 외면하고 있다.

오늘날 우리가 알고 있는 온갖 지식들을 생각하면 사실 성공보다 실패가 더 어렵게 느껴질 정도이다. 그런데도 실패하는 까닭은 대부분의 사람들이 잠재의식 속에서 성공하기 위해 지불해야 할 대가들을 꺼리기 때문이다. 사람들은 우정과 사랑을 원한다고 말하면서도 여전히 비난, 증오, 질투, 시기, 복수심에 관심을 집중한다. 타인에게 인기가 있었으면 좋겠다고 말하면서도 동시에 자기만의 세계에 웅크리고 싶어 하는 기색을 완연히 드러낸다. 행복을 원한다면서도 분노하고 짜증을 부리며 자기연민에 빠져 칭얼댄다. 이러한 사례를 열거하자면 끝도 없다. 당신은 이를 통해 무엇을 깨달았는가? 삶은 당신의 바람보다 궁극적으로 당신이 주목하는 것에 더 큰 영향을 받는다.

혹시 호숫가에서 조약돌을 던져본 적이 있는가? 조약돌을 던지면 잔물결이 원을 그리며 퍼져나간다. 만일 크기가 다른 돌멩이 두 개를 약간 거리를 둬서 동시에 던지면 어떻게 될까? 두 물결은 각각의 중심에서 퍼져나가다가 어느 한 지점에서 만나게 된다. 이렇게 맞닥뜨린 물결들은 서로 우위를 점하려고 다투다가 결국 더 큰 돌멩이의 물결이 작은 돌멩이의 물결을 이긴다. 당신의 사고 역시 마찬가지다. 강렬함에서 더 큰 생각이 작은 생각들을 지배한다. 즉 성공하고 싶으면 온 신경을 긍정적인 사고에만 쏟아부을 수 있어야 한다. 결코 부정적인 생각에 사로잡혀서는 안 된다.

오늘날 과학은 우리의 뇌파를 측정할 수 있을 만큼 발달하였다. 이를 이용한 놀라운 실험결과 한 가지를 살펴보자. 피실험자가 특정한 물체에 대해 생각하면, 그 생각의 파동을 사진으로 투사하도록 하였다. 예컨대 피실험자가 삼각형과 같은 물체에 집중하면 그 사진장치는 완전한 삼각형 모양을 만들어낸다. 이와 비슷한 실험을 무생물인 물을 대상으로도 해보았다. 먼저 보통의 물을 찍으면 희미한 파동을 보여준다. 그러나 똑같은 물을 대상으로 축복을 내릴 때 사진을 찍으면 파동의 발산이 현저히 높아진다. 이것은 긍정적인 생각의 힘이 사물에게도 전이될 수 있음을 보여주는 사례이다.

당신이 부정적인 생각을 할 때마다 그것은 마치 전기스위치를 내리는 것처럼 당신의 몸과 마음에 있는 자력을 줄여나간다. 가난, 병, 증오, 분노, 결핍 등 자신의 잠재력을 제한시키는 생각들은 자력을 생성하여 끌어당길 수 있는 창의적 힘으로부터 당신을 멀어지게 만든다. 이러한 일이 자주 일어날수록 당신의 정신력은 더욱 소진되어 자동차 배터리가 방전되듯 힘을 잃어갈 것이다. 다행스러운 것은 사람은 누구나 긍정적인 생각과 말을 통해 배터리를 재충전할 수 있다는 것이다. 긍정적인 에너지는 당신에게 무한한 생명력을 안겨주지만, 부정적인 에너지는 생명을 파괴한다는 것을 잊지 말아야 한다.

이제 마음의 힘을 이용하기 위한 올바른 사고과정을 배워보자. 그중 가장 중요한 마음 단계인 초의식에 대해 알아보겠다.

초의식 단계의 마음

우주는 우리의 지식으로는 도저히 이해할 수 없는 엄격한 질서와 무한한 힘으로 이루어져 있다. 이러한 우주를 운행하는 힘인 '우주적 마음' 혹은 '우주적 지성'은 수세대에 걸쳐 철학자, 심리학자, 신비주의자들로부터 여러 이름으로 불려 왔다. 이와 관련한 고대의 흥미로운 사례로 모세를 들 수 있다. 그는 어느 날 절대자의 음성을 듣고서 압제에 시달리고 있는 이스라엘 민족을 이끌고 자유를 찾아 광야로 나섰다. 그때 부족 중 한 사람이 모세에게 누구의 지시를 받았는지에 대해 물었다. 그러자 모세는 이렇게 대답했다.

"스스로 존재하는 분이 나를 보내셨다."

이는 의심할 나위 없이 모든 인간 안에 있는 우주적 마음, 또는 창조적 지성을 언급한 것이다. 모세의 경험은 우리 안에 자신을 위한 완전한 길로 이끄는 힘의 중심, 다시 말해 절대적 관념의 영역이 있다는 것을 보여준다. 우리가 마음만 먹으면 접촉할 수 있는 이 힘의 원천은 항상 우리에게 거친 광야에서 풍성한 결실이 있는 기름진 땅으로 발길을 돌릴 수 있도록 많은 정보를 제공한다.

이러한 초월적 능력을 두고 윌리엄 제임스는 '초의식적 마음'이라고 표현했으며, 랠프 월도 에머슨은 '우주적 마음'이라고 기술하였다. 어떻게 표현하든 중요한 것은 우리 속에 그것이 분명히 존재한다는 사실이다.

당신은 자신을 위한 최선의 길이 무엇인지 이미 알고 있다. 당면한 문제들을 해결하고 원하는 삶을 살아가는 데 필요한 창의적 사고를 받아들이기 위해서는 단지 초의식이 지니고 있는 무한한 잠재력을 살짝 건드리기만 하면 될 뿐이다.

역사상 위대한 인물들은 모두 이 능력을 사용해왔다. 우리 역시 그들과 마찬가지로 마음의 힘을 이용하여 무한한 잠재력을 발휘할 수 있다. 화가들이 붓을 들기 전에 먼저 마음속으로 스케치하듯 우리 역시 바라는 것을 구체적으로 형상화시킬 수 있어야 한다. 그렇게 형상화시킬 수 있다면 그 바람은 정신적 끌어당김의 법칙을 통해 현실로 이루어질 것이다. 클라라 바턴^{Clara Barton} 역시 이러한 능력을 사용하였다. 그녀는 곤경에 처한 사람들을 돕는 이들을 마음속에 그렸고, 여기에서 적십자가 탄생하였다. 잔 다르크 역시 자신의 내면에 깃든 우주적 마음이 이끄는 대로 행동하여 조국 프랑스를 구할 수 있었다. 예수는 우리 내면의 능력에 대해 이렇게 말하였다.

"그 일을 하는 분은 내가 아니라 내 속에 있는 아버지니라."

'내 속에 있는 아버지'란 우주적 마음 또는 창조적 지성에 대한 은유적 표현이라고 할 수 있다.

대부분의 사람들은 우주를 통제하고 질서를 부여하는 '보다 높은 차원의 힘'이 있다고 믿는다. 이런 고차원적 능력에 대한 개념은 사람, 집단마다 다르지만 그것이 존재한다는 점에 대해서는 대부분 동의하고 있다. 인류의 모든 위대한 스승들이 그러했듯이 우리 역시 마음의 초의식적 단계를 통해 우주적 마음에 다가갈 수 있다. 그러기 위해서는 먼저 의식적 마음을 가라앉혀야 한다. 바쁜 일상에서도 고요함을 누리고 의식의 세계를 침잠시키며 초의식으로 하여금 목소리를 낼 수 있도록 시간을 내야 한다. 우주적 마음은 우리에게 한국어나 영어, 프랑스어, 이탈리아어 등 어느 특정 언어로 말하지 않는다. 이것은 직관을 통해 우리에게 말을 건네고, 느낌이나 갈망의 형태로 자신을 드러낸다. 그리고 우리가 이것을 받아들일 때 우리는 창조적 목적을 달성하는 데 필요한 조력자와 장소, 여건을 만날 수 있다.

직관의 힘이 어떤 식으로 작용하는지에 대해서는 동물의 세계를 봐도 알 수 있다. 새가 둥지를 짓는 것을 보라. 그 누구도 새에게 둥지 트는 법을 가르쳐주지 않았다. 하지만 새는 오직 직관의 인도에만 의존하여 집을 완성한다. 동물의 세계에서 우리는 이것을 '본능'이라고 부른다. 인간 세계에서는 '직관'이다. 일단 우리가 마음을 열고 이를 수용할 자세가 되어 있으면 직관은 우리에게 어떻게 인생을 설계해

나가야 할지 그 방법을 보여줄 것이다.

마음의 초의식 단계는 절대적 관념의 영역이라는 것을 기억하라. 이것은 완전한 길을 알려주기 때문에 오류란 있을 수 없다. 이를 신뢰하는 법을 배울 때 우리는 무한한 지혜의 인도를 받을 수 있으며, 시행착오도 점점 줄일 수 있다. 이것이 바로 모든 위대한 사상들을 인도해왔던 지혜의 원천이다.

갈망을 통해 흐르는 창조적 힘

창조적 지성은 갈망이라는 통로를 거쳐 흘러나온다. 따라서 우리가 갈망하지 않는다면 그 어떤 창조적 지성도 발현될 수 없다. 이 세상은 창조하고 전진하며, 인류를 선도하고 싶은 갈망으로 사로잡힌 사람들의 생각, 즉 끌어당기는 힘이 넘치는 사상 위에 세워졌다. 그러니 갈망은 성취의 씨앗이라고 말할 수 있다.

창조적 지성은 직관을 통해 말한다. 이 직관은 뭔가 창조적인 일을 하고 싶다는 갈망을 수단으로 삼아 자신을 드러낸다. 갈망은 교감신경계의 힘을 통해 자기만의 기적을 만들어낸다. 우리가 뭔가를 매우 강력히 원할 때 그 갈망은 우리의 잠재의식에 새겨지고, 신경과 몸의 근육으로 전송되어 갈망을 이루도록 스스로를 몰아간다.

갈망과 관련하여 우리가 기억해야 할 중요한 사실이 있다. 우리가 창의적인 뭔가를 하고 싶다는 갈망에 사로잡힌다는 것은, 이미 우리 속에 그것을 달성할 만한 힘까지 가지고 있음을 뜻한다. 우주의 창조적 지성은 우리에게 불가능한 갈망을 심어주지 않는다. 다시 말해 당신이 갈망하는 것이 무엇이든, 그것이 얼마나 억지스럽게 보이든, 우리의 갈망 속에는 이미 이를 현실화시킬 수 있는 능력과 수단이 갖춰져 있다는 뜻이다.

역사상의 위대한 업적은 하나같이 어떤 갈망에서부터 출발했다. 하지만 대부분 터무니없게 여겨져 비웃음을 샀다. 주변 사람들이 모두 불가능하다고 고개를 젓는 상황, 그런 환경에서도 이들은 한치의 의심도 없이 자신의 갈망을 실현시켜 나갔다. 자기 자신과 창조적 지성에 대한 굳건한 믿음이 이들에게 갈망을 현실로 만들어낼 수 있는 재능과 기술, 능력을 선사한 것이다.

이렇듯 당신이 지금 무엇을 갈망하든 그것은 현실로 이루어질 수 있다. 만약 부자가 되고 싶다면 그것을 이룰 수 있는 여건으로 이끌림을 받을 것이다. 친구를 원한다면 좋은 친구들에게 인도될 것이다. 새로운 직업을 갈구하면 자신의 능력을 펼칠 수 있는 좋은 직장으로 안내될 것이다. 단 이것은 오직 당신의 창조적 상상력을 통해서만 가능하다는 것을 꼭 기억하기 바란다.

POINT

- 마음은 나 자신뿐 아니라 타인과 세상을 움직이는 진정한 동력이다.

- 우리 안에는 그 어떤 것이라도 해낼 수 있는 잠재력이 숨어 있다. 그런데도 바깥에서 그 힘을 찾으려고 애쓴다. 당신에게 필요한 모든 지혜와 통찰력, 인지력, 사랑 등은 이미 당신 안에 있음을 잊지 말라.

- 마음은 역동적이고 창의적인 에너지를 발산한다. 그렇기에 어떤 생각이 마음속에 자리 잡으면 당신이 원하는 그것을 만드는 데 필요한 모든 요소를 끌어당긴다. '마음먹은 대로 세상 일이 이루어진다'라고 하는 까닭이 그래서이다.

- 마음은 자석과 같이 끌어당기는 성질이 있다. 자신이 꾸준히 생각한 것을 끌어당겨 현실화시킨다.

- 사람은 존재하는 대로 생각하는 것이 아니라 생각하는 대로 존재한다.

- 모든 긍정적인 요구에는 부정적인 욕구가 숨어 있다. 하지만 우리는 평상시 이런 존재를 인식하지 못하는 경우가 많다. 그러니 자신이 무엇을 진정으로 원하는지 명확히 알고 있어야 한다.

- 창조적 지성은 갈망을 통해 발휘된다. 우리가 뭔가를 강력히 원할 때 그 갈망은 우리의 잠재의식에 새겨진다. 이후 신경과 몸의 근육으로 전송되어 그 갈망이 이루어지도록 스스로를 몰아간다.

여덟 번째 비밀

창조적 상상력에 답이 있다

온 세상은 하나의 무대이다.

사람들은 그곳에 서 있는 연극배우일 뿐…….

_윌리엄 셰익스피어

　무대에서 가공의 상상력이 펼쳐지면 관객들은 마치 진짜 벌어진 일처럼 생생히 받아들인다. 우리가 자신에게 굴레처럼 씌우고 있는 한계들도 따지고 보면 무대에서 일어나는 일처럼 비현실적이다. 왜냐하면 우리가 받아들이기로 선택한 것도 사실상 허구일 뿐 이미 일어난 일이 아니기 때문이다. 그런데도 우리는 그것을 마치 현실에서 일어난 일처럼 믿어버린다. 예를 들어 '나는 승진하기 어려울 것이다'라고 생각하면 아직 일어난 일이 아닌데도 스스로를 '승진할 수 없는 인간'으로 받아들이게 된다.

　그렇다면 현실을 현실로 인식할 때는 어떤가? 비록 지금 이 순간적 현실을 받아들여야만 하더라도 우리는 영원히 이 현실에 매여 있지는 않다. 왜냐하면 시계의 초침은 지금 이 순간에도 움직이고 있기 때문이다. '지금 이 순간'이라고 내뱉는 순간, 그것은 이미 과거가 되어 버린다. 그러니까 미래에 정해진 것은 아무것도 없는 셈이다. 따라서 상상력을 이용하여 충분히 미래를 바꿀 수 있다.

스스로 받아들인 한계들도 우리가 원하면 언제든지 깨뜨릴 수 있다. 진정으로 원하는 것들에 대해 부단히 상상함으로써 우리는 낡은 대본을 버리고 전혀 새로운 이야기를 써내려갈 수 있다. 우리를 주저앉힌 한계를 극복하여 스스로를 자유롭게 만들 수 있다는 말이다.

"지식보다 중요한 것은 상상력이다."

위대한 과학자이자 수학 천재였던 앨버트 아인슈타인의 말이다. 상상력은 우주에서 가장 위대한 힘 중 하나다. 인류의 진보는 우리의 집단적 상상력에 정비례하여 이루어져 왔다. 여행할 때마다 나는 거미줄처럼 연결된 항공망을 보고 놀라곤 한다. 어떤 뛰어난 상상력이 이것을 가능하게 했을까? 아마 인류 최초의 비행에서부터 오늘날의 항공에 이르기까지 누군가의 상상력이 없었더라면 구현되지 못했을 것이다. 비전을 품은 대개의 사람들이 그러하듯, 항공기술에 관한 대담한 아이디어를 가졌던 사람들은 이 일이 불가능하다고 여겼던 수많은 사람들의 고정관념을 깨뜨려야만 했다.

레오나르도 다빈치는 자신의 첫 번째 비행장치를 그린 스케치북에 "인간에게 날개가 솟아날 것이다"라는 예언을 써놓았다. 그가 만든 기구는 몇 피트 정도 날아올랐는데 당시 가톨릭교회 지도자들은 이것을 악마의 장비로 낙인찍어 다빈치가 스스로 파괴하도록 했다. 그러나 세월은 다빈치가 옳았다는 것을 증명했고 오늘날의 인류는 진짜로 하늘을 날고 있다.

상상력의 가장 역동적인 면은 세상에 아직 존재하지 않는 것을 오직 머릿속 이미지만으로 형상화한다는 것이다. 상상력은 새로운 아이디어를 창조하는 한편, 기존의 경험에 자극을 받아 전혀 다른 아이디어를 결합해내는 위대한 기적을 낳는다. 창조적 상상력은 우리가 꿈꾸는 모든 사물이 세상에 존재하게 만든다.

우리가 무엇인가를 떠올렸다면 이미 이 세상에 그것을 구현시킨 것과 다름없다. 이제 해야 할 것은 현실에 발을 디딜 수 있도록 신발을 신겨주는 일이다.

위기 속에 숨은 기회 포착하기

우리의 이미지 속에는 창조적 힘이 숨어 있다. 이것은 우주적 지성의 힘에 의해 변화한다. 외부의 물리적 세상에 사물이 존재하도록 만드는 실질적 수단이나 과정은 신비 그 자체이다. 우리는 옥수수 씨앗을 땅에 뿌리면 싹이 돋고, 줄기가 자라 이삭이 달린다는 사실을 알고 있다. 물론 어떻게 토양이 새로운 피조물을 탄생시키는지에 대한 자연의 비밀은 풀지 못했다. 그러나 이것만큼은 분명하다. 씨앗 속에 옥수수의 싹과 줄기, 이삭 등이 봉인되어 있다는 것 말이다.

하나의 생각은 여러분이 원하는 특정한 수확물의 씨앗과도 같다. 씨앗은 옥수수, 밀, 토마토, 잡초, 가시덤불, 심지어 독초가 되더라도 우리가 뿌린 대로 자랄 것이다.

당신이 무엇을 거두게 될지는 '씨앗의 성질'에 달려 있다. 긍정적이든 부정적이든 혹은 건설적이든 파괴적이든 당신이 상상한 대로 싹을 틔울 것이다. '뿌린 대로 거둔다'라는 말은 그래서 동서고금을 막론한 진리다.

창조적 상상력이 사람들의 삶에 영향을 끼친 예를 하나 들어보자. 미국 남부지역의 면화산업은 오직 한 사람의 창조적 상상력만으로 번창하였다. 어느 날 그는 소파에 앉아 쉬고 있다가 고양이가 새장 속의 카나리아를 잡아먹기 위해 철장 사이로 앞발을 뻗는 것을 보았다. 하지만 쇠창살이 가로막고 있었기 때문에 고양이는 카나리아의 깃털만 한 움큼 뽑았을 뿐이었다. 흔하게 볼 수 있는 풍경이었지만 그는 고양이를 통해 목화꽃에서 솜 성분만을 골라 뽑는 쇠발톱을 상상하였다. 엘리 휘트니^{Eli Whitney}의 놀라운 발명품, 면화에서 솜을 뽑는 조면기_{繰綿器}는 이렇게 탄생하였다.

창조적 상상력은 인류가 당면한 여러 문제들을 극복하도록 해줄 것이다. 그러니 어떤 역경 속에서도 희망을 잃어서는 안 된다. 이는 역사를 돌이켜봐도 쉽게 알 수 있다. 인류가 역사를 기록하기 시작한 이래 파멸적인 미래에 관한 수많은 예언이 있었지만, (현재 우리의 존재가 증명하고 있듯이) 그것들은 매번 빗나갔다. 가장 비관적으로 보였던 시절에도 우리에게 해결책을 제시해주고 보다 위대한 성취로 이끌어주었던 창조적 상상력의 사람들이 시대별로 나와 주었다.

따지고 보면 우리가 안고 있는 모든 문제는 '기회'가 변장한 것들이다. 한자 문화권의 동양인들은 이 사실을 오래전부터 깨닫고 있었다. 위기危機라는 한자를 살펴보면 '위危'는 위험, 위태로움을 가리키지만 '기機'에는 기회라는 뜻이 들어 있다. 따라서 삶의 위기 속에 숨어 있는 기회들을 세심하게 살펴 포착해야 할 것이다.

마음의 속박에서 벗어나라

마음의 힘을 구성하는 단계 중 의식의 단계가 가장 제한적이다. 의식으로 전달되는 정보는 청각, 미각, 후각, 촉각, 시각이라는 오감을 통해 들어오기 때문이다.

우리의 오감은 선택과 수용에서 완전하지 않고, 심지어 우리를 속이기도 한다. 따라서 우리는 의식을 통해 종종 거짓된 신념과 가치관들을 받아들이게 된다.

의식 단계의 마음은 문지기와 같아서 잠재의식에 이르는 접근 통로를 가로막고 있다. 의식은 흡수되는 모든 정보를 걸러내어 자기가 '진실'이라고 인식한 것들만 잠재의식 속으로 들어갈 수 있게 허용한다. 여기서 '진실'이란 객관적 진실이 아니라 자기가 진실이라고 믿는 것, 다시 말해 '잘못된 확신'까지 포함한다.

의식 단계를 통한 인식은 종종 우리를 기만한다. 지평선을 바라보면 하늘과 땅이 서로 만나는 것처럼 보인다. 무지개는 땅에 뿌리를 박고 있는 것처럼 보이고, 철로는 아득히 먼 곳에서 하나로 합쳐지는 것처럼 보인다. 이러한 왜곡들은 의식 단계의 마음으로부터 나온 거짓 이미지와 메시지의 결과이다. 질병, 가난, 걱정, 절망, 좌절 등과 같은 것도 우리가 의식으로부터 받아들여 잠재의식 깊숙이 프로그래밍되도록 선택한 거짓된 이미지일 뿐이다.

이러한 의식적 마음의 속박으로부터 자유로워지기 위해서는 우리 내면에 있는 진리의 원천으로 돌아가야 한다. 진리는 오직 우리의 내면에서만 나온다. 그러므로 우리는 진리를 찾기 위해 바깥세상을 두리번거릴 필요가 없다. 사실 진리를 찾기 위해 외부를 끊임없이 뒤지는 것은 오히려 우리를 퇴행시키고 주저앉히는 그런 여건들만을 계속 경험하게 된다는 것을 뜻한다.

우리가 갈망하는 긍정적 삶의 경험을 창조하기 위해서는 초의식의 마음에서 나오는 직관에 귀를 기울여야 한다. 이를 통해 얻는 정보를 의식의 세계로 가져와 세심하게 잠재의식에 프로그래밍해야 한다. 그러기 위해서는 우리 속에 잠들어 있는 거인에게로 눈을 돌릴 필요가 있다.

〈알라딘의 요술램프〉에 대해 들어본 적이 있을 것이다. 램프 속의 거인 지니는 알라딘이 원하는 것이라면 무엇이든 들어준다. 알라딘이 하는 일이란 고작 램프를 문지르는 것뿐인데도 말이다. 아마 누구나 한 번쯤은 내게도 요술램프가 있었으면 좋겠다는 꿈을 꿔보았을 것이다. 하지만 알라딘을 부러워할 필요가 없다. 우리 안에도 이미 우리의 명령을 충실히 들어줄 거인이 있기 때문이다. 다만 우리가 이 사실을 깨닫지 못하고 있을 뿐이다. 이제 그를 깨울 시간이 되었다.

지난 수십 세기 동안 성공적인 삶을 산 사람들은 램프의 거인 지니처럼 자기 내면에 자신을 섬기고 봉사하는 힘이 있음을 직관적으로 알았다. 이들은 위대한 예술, 작곡, 발명, 저술, 사업 등 여러 방면의 일을 할 때마다 마음속에 있는 자신의 조력자를 불러냈다.

성경은 이러한 힘에 대해 "심령 속에서 너희가 생각하는 대로, 너희는 바로 그런 존재"라고 말했다. 여기서 말하는 심령이란 잠재의식과 같은 말로, 이 말을 다시 풀이하면 "잠재의식 속에서 너희가 생각하는 대로, 너희는 바로 그런 존재가 될 것이다"가 된다.

그러나 비록 무한한 능력을 지녔더라도 잠재의식은 그저 '하인'에 불과하다. 잠재의식은 주인의 '명령을 받아야만' 한다. 잠재의식 스스로 자기에게 명령을 내릴 수는 없다. 사실 잠재의식이란 당신이 꾸준히 마음에 새겨놓은 것을 충실하게 이행하는 자동작동 체계라고 할 수 있다. 이는 당신이 원하는 삶을 살아가는 데 필요한 모든 정보를 공급해주는 유능하고 믿을 만한 동반자이다.

우리는 앞에서 잠재의식이란 의식 단계의 마음이 붙들고 있는 신념과 확신에 따라 반응한다는 사실을 알았다. 우리의 의식이 진실이라고 믿는 것을 선택하면, 잠재의식은 의식이 어떤 선택을 하건 이의를 제기하지 않고 이를 수용한다. 당신의 잠재의식은 긍정적인 생각뿐만 아니라 부정적인 확신마저도 기꺼이 받아들인다. 그리고 받아들인 이상 그에 필요한 수단을 재깍재깍 공급해준다.

바로 이 순간에도 당신의 잠재의식은 당신에게 유익한 일을 하거나 반대로 해로운 일을 하고 있다. 잠재의식은 우리의 의식을 통해 다음에 사용할 온갖 신체적, 지적, 정신적, 정서적 경험들을 기록하고 쌓아 놓는다. 이러한 경험들의 총합이 바로 현재의 자기인식 수준을 결정한다.

내 안의 창조적 지성 활용하기

올바른 해답을 찾는 데 있어 의식만을 사용할 때 그토록 혼란을 겪게 되는 이유는 무엇일까? 이는 우리의 의식적 마음이 오감의 영향을 받기 때문이다. 알다시피 오감은 매우 불확실한 정보수집 체계이다. 산을 오를 때 굉장히 가깝게 느껴졌던 정상이 실제로는 아주 멀어 낭패를 본 경험이 누구나 있을 것이다. 그밖에도 오감은 사람에 따라, 혹은 처해 있는 여건이나 환경에 따라 전혀 다른 성질의 정보를 제공한다. 따라서 우리는 장님이 코끼리를 만지듯 종종 그릇된 확신에 사로잡힌 채 자신과 사물을 받아들이는 경향이 있다.

의식적 마음에만 근거하여 상황을 보거나 정보를 평가하는 것은 그 원인은 보지 않고 결과만을 본다는 것이다. 이것은 우리로 하여금 자신과 타인에 대해 가치 판단을 내리도록 하고 우리가 보고 듣고 느끼는 것이 마치 객관적 진실인 것처럼 평가하게 만든다. 하지만 의식적 마음에만 근거한 그릇된 신념에 따라 행동하고 의사결정을 내리는 것은 그릇된 결과만을 불러올 뿐이다. 문제에 문제가 꼬리를 무는 고통스러운 삶의 연속인 것이다.

이제부터 우리는 마음속에 잠들어 있는 창조적 지성의 안내를 받기 위해 내면을 들여다보는 훈련을 해야만 한다. 그리하여 모든 문제의 해답을 초의식에서 구해야 한다. 의식에만 의존하는 한 실수는 반복될 것이고, 실망과 좌절 역시 계속될 것이다.

올바른 사고 과정은 다음과 같이 이루어져야 한다.

- 창조적 지성의 안내를 받기 위해 초의식을 활용하라. 우주의 지고한 지성으로부터 온 초의식에는 오류가 없다는 사실을 기억하라.
- 의식적 마음을 사용하여 초의식으로부터 얻은 정보를 잠재의식에 프로그래밍하라.

- 잠재의식에게 이 정보를 실행하도록 명령하라.

이에 대해 좀 더 확인해야 할 사항을 살펴보자.

- 잠재의식이 지닌 안정성과 효율성은 제공되는 정보의 질과 명확성에 비례한다.
- 잠재의식에 생생하고 반복적으로 그려진 것은 싹을 틔워 곧 현실이 된다.
- 잠재의식은 당신이 갈망하는 것을 당신에게 가져다준다. (설사 부정적인 것들이라도 마찬가지다.)
- 잠재의식은 참과 거짓을 판단하지 않는다. 당신의 의식적 마음이 제공하는 것이라면 무엇이든 충성스럽게 기록하고 쌓아둔다.
- 잠재의식은 당신의 갈망을 이루기 위해 필요한 모든 상황과 여건들로 당신을 이끈다.
- 잠재의식은 당신의 목적이나 갈망하는 바를 자동으로 수행해주지 않는다. 당신이 원하는 것이 무엇인지 정확히 말하고, 직접 나서서 요청해야만 움직인다.
- 당신의 요청이 있으면 잠재의식은 당신이 원하는 바를 완수하는 데 필요한 올바른 기회와 도움들, 적절한 사람들과 상태가 무엇인지 인식하게끔 의식의 마음을 변화시켜준다.

이제 잠재의식을 프로그래밍하는 법을 살펴보자. 우선 당신의 잠재의식은 언어, 감정, 시각화라는 3가지에 반응한다. 이를 차례로 살펴보자.

언어

우리의 말에는 어마어마한 힘이 들어 있다. 말은 당신의 삶을 성공으로 이끌기도 하고 파괴하기도 한다. 오늘날의 당신 역시 말이 만들어낸 것이라고 할 수 있다. 만약 당신이 평소에 긍정적인 말을 많이 해왔다면 당신의 삶은 보다 풍요로울 것이고, 반대로 부정적인 말만 해왔다면 당신의 삶은 고단하고 팍팍할 것이다.

우리가 대화를 나누는 상대는 타인만이 아니다. 우리가 가장 많은 대화를 나누는 이는 바로 자기 자신이다. 비록 입 밖으로 소리를 내지 않더라도 우리는 마음속으로 수많은 대화를 나눈다. 그리고 이러한 말은 우리의 감정, 행동, 성취욕구 등에 매우 큰 영향을 끼친다. 따라서 자신과의 대화가 실질적으로 당신이 하는 모든 일들을 결정한다고 해도 과언이 아니다. 언어는 심지어 혈압, 심장박동, 호흡까지도 변화시킬 수 있다.

잠재의식은 당신이 사용하는 말을 고스란히 받아들여 프로그래밍한다. 긍정적이든 부정적이든 전혀 상관하지 않는다. 이에 대해 잠시 생각해보자. 당신의 평소 언어습관은 어떠한가? 최근에 아래와 같은 부정적인 말투를 쓴 적이 있는가? 타인에게 말했든 마음속으로 생각만 했든 상관없다. 자신의 언어습관을 점검해 보아야 한다. 다음 중 해당되는 문항이 있으면 괄호 안에 표시해라.

- 정말 일하기 싫어. (　　)
- 걱정이 태산이야. (　　)
- 나는 빈털터리야. (　　)
- 정말 담배는 못 끊겠어. (　　)
- 그 사람하고는 잘 지낼 자신이 없어. (　　)
- 왜 예전과 같은 열정이 생기지 않는 걸까? (　　)
- 하고 싶은 일은 많은데 시간이 없어. (　　)
- 난 참을성이 없어. (　　)
- 누가 나같은 사람을 좋아하겠어. (　　)
- 내가 하는 일이 다 그렇지 뭐. (　　)
- 나한테 무슨 재주가 있다고. (　　)
- 아, 평생 놀면서 살 수 없을까? (　　)
- 난 왜 이렇게 잘하는 게 하나도 없지? (　　)
- 살을 빼기는 틀렸어. (　　)
- 일에 치여 사느라 죽을 것 같아. (　　)
- 사람들을 잘 사귀지 못하겠어. (　　)

- 난 아무래도 취업을 못할 것 같아. (   )
- 내 기억력은 왜 이 모양이지? (   )
- 만날 감기를 달고 사는군. (   )
- 항상 몸이 찌뿌듯하고 개운치 않아. (   )
- 나는 사람들 이름 외우는 데는 젬병이야. (   )

이밖에도 수많은 부정적인 말투가 있다. 우리는 이러한 부정적인 말을 통해 자신도 모르는 사이 잠재의식 깊숙이 부정적인 생각을 키우고 있다. 이는 결국 잠재의식에게 이러한 부정적인 명령을 수행하도록 요구하는 것과 같다. 결과적으로 우리는 자신의 의도와는 달리 가난과 질병, 실패, 한계 등을 경험하게 된다.

이제 자신의 언어습관에 주의를 기울이고 이러한 자기패배적인 말투를 과감히 벗어던져야 한다. 그러기 위해서는 먼저 긍정적인 말을 쓰기 위해 노력해야 한다. 잠재의식이 긍정적인 말을 실제상황으로 받아들일 때까지 반복하고 또 반복해야 한다.

만약 당신이 계속해서 "나는 잘하는 게 하나도 없어"라고 말한다면 잠재의식은 정말 당신이 무능하다고 믿어버릴 것이다. 하지만 반대로 "나는 마음먹은 것은 반드시 이루고 말아"라고 말한다면 자신감이 생기고 일의 결과도 좋아질 것이다.

이때 주의할 것이 하나 있다. 자기 자신한테만 "나는 기분이 아주 좋아"라고 말하는 것으로 끝내서는 안 된다는 것이다. 다른 누군가가 요즘 어떻게 지내느냐고 물으면 동정을 얻기 위해 혹은 아무 생각 없이 "별로 좋지 않아"라고 말하지 말아야 한다. 모순되는 상황을 반복해서는 안 된다. 그렇게 되면 잠재의식은 혼란을 느껴 당신이 바라는 긍정적인 변화를 이끌어낼 수 없다.

감정

감정은 창의력을 운반하는 화물선과도 같다. 어떠한 창조적 행위도 감정의 뒷받침 없이는 이루어지지 않는다. 잠재의식은 다른 어떤 것보다 감정에 민감하게 반응한다. 아무리 똑같은 말을 반복해도 그 말에 감정이 실리지 않으면 효과를 낼 수 없다. 두려움, 근심, 좌절, 시기, 증오 등의 부정적인 감정이 잠재의식에 더 큰 영향을 끼치는 것도 이 때문이다. 잠재의식은 더 격정적인 감정에 반응한다는 사실을 잊어서는 안 된다.

잠재의식에 어떠한 생각을 심어주기 위해 큰 소리로 말하거나 음악을 듣는 것은 좋은 방법이다. 큰 소리와 음악은 진동의 강도를 증대시켜 정보를 보다 빨리 잠재의식에 새길 수 있게 만든다. 심리학적 연구에 따르면 음악이나 녹음된 음성을 이용하면 잠재의식에 어떤 생각을 심는 데 있어서 그 효과가 85퍼센트나 높아진다고 한다.

시각화

잠재의식은 '정신'이라는 스케치북에 그려지는 이미지에 반응한다.

우리가 인생을 설계하는 건축가라면 잠재의식은 설계도에 따라 집을 짓는 건축업자와 같다. 때문에 우리의 마음이 그려내는 상상이나 시각화는 그것 자체만으로도 힘을 갖는다.

상상력은 미래의 청사진이다. 우리의 정신은 끊임없이 자신을 주인공으로 한 영화를 상영한다. 이 이미지는 우리의 행동과 우리가 이끌어가는 삶의 양식을 결정한다.

사람들은 모두 새로운 삶을 창조할 수 있는 정신력을 갖추고 있다. 지금 당신은 무슨 생각을 하고 있는가? 당신은 자신이 그려내는 모든 것을 가질 수 있다. 이는 '자기 충족적 예언Self-fulfilling prophecy'이 되어 당신이 갈망하는 모든 것들이 이루어지도록 해줄 것이다.

따라서 자신의 갈망을 시각화하는 것은 매우 유용하다. 눈을 감고 당신이 평소 바라던 것이 완전히 이루어진 상태를 느껴보라. 가능한 한 색깔, 장소, 주변 사람들을 비롯하여 모든 것을 생생하고 자세하게 상상해보라. 그리고 그 이미지를 마음속 앨범에 고이 간직하라. 이때 가장 중요한 것은 자기 자신을 그 장면 속에 꼭 집어넣어 자신을 그 장면의 일부분으로 만드는 일이다.

여기에 좀 더 효과적인 방법 하나를 더 소개하겠다.

우선 스크랩북을 하나 준비하여 '내 운명의 청사진'이라는 제목을 붙이고, 당신이 갖고 싶은 것, 원하는 모습, 가고 싶은 장소, 하고 싶은 일에 관한 이미지를 모아라. 가능한 한 총천연색 사진이나 그림을 붙여두고, 여백에 다짐을 적어두는 것이 좋다. 그리고 매일 스크랩북을 펼쳐보면서 그 사진들이 당신의 잠재의식 깊숙이 스며들도록 만들어라. 이렇게 한다면 가까운 미래에 당신의 갈망은 분명히 현실화될 것이다.

잠재의식에 갈망을 새겨라

우리는 우리가 의식적으로 원하는 어떤 행동이라도 해낼 수 있도록 잠재의식을 훈련시켜야 한다. 훌륭한 피아니스트는 악보를 보지 않고도 손이 건반 위를 날아다닌다. 어떻게 건반을 눌러야 될지가 그들의 잠재의식에 이미 새겨져 있기 때문이다. 이토록 완벽한 습관을 몸에 익히기 위해 피아니스트는 매우 오랜 시간 동안 인고의 세월을 보냈을 것이다. 그의 잠재의식은 연습 동안의 기억을 저장해놓았다가 그가 연주를 할 때 그 기억들을 자동적으로 내보낸다. 피아니스트는 어떤 건반을 어떻게 눌러야 하는지 의식적으로 생각할 필요가 없는 것이다.

잠재의식은 우리의 의식보다 훨씬 빠르게 당면 문제들을 해결해 준다. 즉 삶에 변화를 가져다주는 창의적인 자동 심리기제라고 할 수 있다. 게다가 잠재의식은 후천적으로 훈련할 수 있고, 재훈련이 가능하기 때문에 결코 한계에 부딪치지 않는다. 중요한 것은 자신의 바람을 마음속에 명확히 그리고 있어야 한다는 것이다. 그러면 마치 잠수

함의 어뢰가 목표물을 좇도록 프로그래밍되어 있는 것처럼, 잠재의식은 실수에 집착하지 않고 자기 스스로 코스를 변경하고 수정하면서 당신을 정확히 목표 앞으로 인도할 것이다.

'당신은 이미 모든 것을 갖추고 있다'는 사실을 반드시 기억하라. 잠재의식이 힘을 발휘하기 위해서는 우리 스스로가 잠재의식이 활동하고 있다는 사실을 굳게 믿고 있어야 한다. 당신은 최종적인 결과를 그릴 수 있어야 한다. 원하는 것을 가질 수 있다고 굳게 믿어라. 이미 내 것이라고 여기며 그에 대한 기쁨과 흥분을 지금 당장 느껴라.

원하는 것을 그려내고자 할 때 당신의 제한된 의식이 이성을 통해 음모를 꾀할 수도 있다. 의식은 당신의 갈망이 이루어질 수 없으며 불가능한 일이라고 말할 수도 있다. 그러나 이것은 진실이 아니다. 당신의 의식적 마음에서 나오는 정보들은 오감에 따라 제한적일 수밖에 없다. 당신은 내면의 안내자인 잠재의식을 신뢰하면 된다.

만약 당신이 새 차를 원한다면 판매점에 가서 홍보용 책자나 전단지를 얻어 와라. 그 사진들을 자주 보고, 전시장을 자주 방문하여 '당신의 차'를 보아라. 그 차를 운전하고 있는 자신을 상상하고 시각화하라. 시승도 해보라. 이미 그 차를 가진 것처럼 행동하라. 조금 있으면 그 차가 당신에게 도착한다는 소식을 들은 것처럼 행동하라. 심지어 그 차를 타고 쇼핑하러 간다고 생각해보라.

당신이 원하는 것이 무엇이든 그것이 이루어진 것에 대해 미리 감사하라. 이 말을 제대로 이해하지 못하면 이상하게 들릴 수도 있다.

미리 감사한다는 것은 당신이 원하던 갈망이 이미 당신에게 오고 있다는 사실을 인정하는 것과 같다. 그 사실을 일단 받아들이면 당신은 현재의 의식 세계에서 보다 높은 차원에 이르러 주변의 상황들이 변화를 일으키기 시작할 것이다. 당신은 끌어당기는 힘을 지닌 사람이라는 사실을 명심해라.

POINT

- 우리가 무엇인가를 떠올린다는 것은 이미 세상에 그것을 구현시킨 것과 다름없다.

- 하나의 생각은 당신이 원하는 특정한 수확물의 씨앗이다. 무엇이 되었든 당신이 뿌린 대로 자랄 것이다. 그것이 긍정적이든 부정적이든, 혹은 건설적이든 파괴적이든 당신이 상상한 대로 싹을 틔울 것이다.

- 우리가 갈망하는 긍정적인 삶의 경험을 창조하기 위해서는 초의식의 마음에서 나오는 직관에 귀를 기울여야 한다. 이를 통해 얻게 되는 정보를 의식의 세계로 가져와 잠재의식에 프로그래밍해야 한다.

- 당신 안에는 이미 위대한 힘이 깃들어 있다. 바로 잠재의식이다. 이는 당신이 꾸준하게 마음에 새겨놓은 것을 충실하게 이행하는 힘이다. 당신이 원하는 삶을 살아가는 데 필요한 모든 정보를 공급해주는 유능한 동반자이다.

- 창조적 지식을 활용하기 위해서는 내면을 들여다보는 훈련이 필요하다.

  첫째, 초의식을 활용하라.

  둘째, 의식적 마음을 사용하여 초의식을 통해 얻은 정보를 당신의 잠재의식에 프로그래밍하라.

  셋째, 잠재의식이 이 정보를 실행하게 하라.

- 잠재의식은 선악 판단을 하지 않는다. 그러므로 당신의 마음속에 긍정의 기운을 심기 위해 노력해야 한다.

아홉 번째 비밀

운명은 선택이다

행복한 삶을 살기 위해 우리는 무언가 가치 있는 인생 계획을 세워야 한다. 의식적으로 인생의 목표와 방향을 제시하지 않으면 마치 키를 조종할 선장이나 지도 없이 망망대해를 떠도는 것과 같다. 이러한 배는 결국 난파하여 무인도에 닿거나 최악의 경우 바다 밑으로 가라앉을 수도 있다.

인생의 수많은 기회가 인식하지 못하는 사이 비껴가고 있다. 자기가 어디로 가고 있는지 자기 자신조차 잘 모르기 때문이다. 하지만 주의 깊게 살펴보면 우주에는 창조적인 힘이 있어 원대한 계획에 따라 모든 것이 질서를 이루고 있음을 알 수 있다. 당신과 나 역시 계획의 일부이다. 하늘의 별자리, 동물의 삶, 식물의 일생, 바다의 순환 등을 관찰해보면 이 모든 것들이 우주의 질서 아래에서 매우 일사분란하게 움직이고 있음을 알 수 있다.

모든 만물에는 각각의 존재 이유가 있다. 비록 보잘것없어 보여도 모두 우주의 일부이며, 우주를 완성시키는 마지막 조각이다. 당신과 나는 거대한 우주 질서 속에서 우리만의 고유하고도 가치 있는 역할을 부여받았다.

이는 결국 당신이 있어야 할 자리에 당신이 있지 않기 때문에 당신에게 문제가 일어난다는 것을 의미한다. 당신이 소홀히 하거나 피하고 있는 일 중 반드시 당신이 해야만 하는 일이 있다.

우리 개개인은 거대한 우주에서 특정한 위치를 차지하고 있으며, 각자 완수해야 할 목적이 있는 특별한 존재이다. 세상에 대한 나의 기여가 보잘것없어 보여도 우리는 창조적인 우주 설계도의 일부이다. 당신이 우러러보는 그 누구보다도 스스로가 소중한 존재라는 사실을 믿어야 한다.

인류의 가치 있는 모든 업적은 원대한 우주적 계획이 전개되는 과정이었다. 각 개인들이 그에 대한 갈망을 드러내지 않았거나 그것을 성취할 수 있도록 영감을 부여해주는 내적 안내자의 음성에 귀 기울이지 않았다면 아마 불가능했을 일이다.

사람들은 모두 그들에게 불가능하다고 말했다. 하지만 창조적인 사람들은 인생에서 '목표'와 '방향'이라는 두 요소를 잊지 않았다. 이들은 자신을 망망대해에 정처 없이 떠다니는 코르크 마개로 여기지 않았다. 인생에 대한 완전한 통제권을 가졌으며, 자신이 운명의 지배자라는 사실을 깨닫고 있었다.

개인의 성취도에 관한 심리학적 연구를 살펴보면 인생에 대한 뚜렷한 계획과 목표를 가진 사람이 그렇지 못한 사람보다 훨씬 행복한 삶을 살아간다는 사실을 알 수 있다. 따라서 이 단계에서는 자기계발을 위한 인생 계획을 수립하는 것이 중요하다. 지금 당장 시간을 내서 자신이 하고 싶은 일이 무엇인지, 그것에 다다르기 위해서는 어떻게 해야 하는지 생각해봐야 한다.

불가능해 보이는 목표 앞에서

지금부터 삶의 모든 영역을 돌아보며 어디로 가고 싶은지, 무엇을 하고 싶은지, 그리고 가장 중요하다고 할 수 있는 어떤 존재가 되고 싶은지에 대한 계획을 짜라. 이를 통해 당신은 점점 목표를 향해 나아갈 수 있을 것이다. 종착역을 정하지 않고서 길을 떠날 수는 없다. 만약 그렇다면 자신이 과연 제대로 가고 있는지 어떻게 알 수 있겠는가?

목표를 달성하기 위한 비결 한 가지는 큰 목표를 작은 목표들로 잘게 쪼개는 것이다. 도저히 불가능할 것처럼 보이는 목표도 작게 쪼개면 '할 수 있을 만한 일'로 보인다. 각각의 단기적 목표들이 현실화되었을 때의 성취감이 다음 목표를 위한 좋은 자극제가 된다. 이러한 원리를 이해하면 큰 목표를 단번에 이룰 자신이 없어 시작하기도 전에 포기하는 일은 없을 것이다.

혹시 한 컵의 물로 100미터의 도로를 뒤덮을 수 있는 방법을 아는가? 도저히 불가능한 일이라고 생각할지 모르지만 방법이 있다. 한 컵의 물을 60억 개의 물방울로 쪼개 안개로 만들면 된다.

우리의 노력에도 이 방법을 적용할 수 있다. 도저히 엄두가 나지 않는 목표가 있으면 세부적인 목표로 나눠 매일 하나씩 실천하도록 하자. 100개의 가능한 목표를 통해 1개의 불가능해보이는 목표를 이루는 것이다.

목표를 세울 때 반드시 성공률 100퍼센트가 보장되어야 하는 것은 아니다. 계획한 목표를 모두 이루지 못했더라도 아무것도 하지 않았을 때와 비교하면 당신은 이미 성장한 것이다. 목표라는 것은 현실화가 되든 되지 못하든 인생을 긍정적으로 변화시키고, 우리의 정신적 에너지가 긍정적인 통로로 발산되도록 유도한다. 자신이 원하는 것이 무엇인지, 어떠한 존재가 되고 싶은지, 스스로 그것을 안다는 것만으로도 당신의 인생은 달라진다.

내가 진짜로 원하는 것

당신은 무엇을 원하는가? 만약 이 질문에 명확한 답변을 할 수 있다면 당신은 반드시 원하는 바를 이룰 수 있을 것이다.

대다수의 사람들이 자신이 진정으로 원하는 것이 무엇인지 파악하는 데 대부분의 시간을 허비한다. 때문에 많은 목표들이 '그저 되면 좋지' 하는 안이한 생각들 속에서 죽어간다. 사람들은 종종 내게 이런 고민을 털어놓는다.

"내가 정말로 원하는 게 뭔지 모르겠어요."

하지만 나는 그에 대한 답변을 해줄 수 없다. 나보다 훨씬 유능한 사람도 그건 불가능할 것이다.

답은 오직 자신만 알고 있다. 아무것도 모르겠다는 식으로 어물쩍 넘어가지 마라. 그것은 '아무것도 시도하지 않는 것'에 대한 변명일 뿐이다. 결정을 내리지 않는다는 것은 실수를 하지 않겠다는 것과 같다. 거절이나 실패에 대한 두려움, 사람들로부터 인정받고 싶다는 욕구가 아무것도 하지 못하도록 당신을 감옥에 가둬버린 것이다.

결정하지 않는 것도 일종의 선택이다. 우리는 어떤 것이든 선택하게 되어 있다. 결국 성공을 선택하지 않는다는 말은 실패를 고른다는 말과 같다. 무엇보다 결정을 내리지 않고 미적거리는 행동이 나쁜 까닭은 은연중에 좌절감을 키우기 때문이다. 뭔가 창의적인 일을 해야 한다는 것은 알고 있으면서 아무것도 하지 않으면 우리는 무력감에 젖어든다. 반대로 목표와 계획을 세우면 인생에서 자신감을 가질 수 있게 된다.

우선 목표를 세웠으면 다음의 질문지에 답을 해보라.

목표를 위한 질문

• 나는 진실로 이 목표를 이루기를 원하고 있는가? 나 자신을 위해서가 아

니라 '의무'나 '타인의 기대' 때문에 해야 한다고 생각하는 것은 아닌가?

• 나의 가치체계에 비추어 볼 때 옳은가?

• 나는 이 목표가 가능하다고 믿고 있는가?

• 목표를 이루었을 때 지금보다 더 나은 사람이 될 수 있는가?

• 목표가 이뤄졌을 때를 시각화할 수 있는가?

• 목표의 현실화 과정에서 내 안의 창조적 지성이 나를 도와줄 것이라는

완전한 믿음이 있는가?

이 모든 질문에 "예"라고 대답하였다면, 당신은 이제 계획 수립의 단계로 넘어갈 수 있다. 계획 수립을 위해서 다음과 같은 사항을 실천에 옮겨야 한다.

계획 수립을 위한 실천지침

• 당신의 목표를 분명한 말로 표현하라. 잠재의식은 당신이 구체적일 때 반응한다.

• 언제 그 계획에 착수할 것인지 정확한 날짜를 지정하라.

• 목표를 이루게 될 정확한 날짜를 정하라.

• 목표를 이루기 위해 해야 할 행동 계획들을 문서화하라.

• 계획을 수정하고 개선하기 위한 점검 계획을 잡아라.

• 주머니나 지갑에 자신의 목표를 간단명료하게 기술한 조그만 카드를 넣어둬라. 시간이 날 때마다 틈틈이 카드를 들여다보라. 가능하면 그 목표

와 관련된 그림이나 사진도 함께 가지고 다녀라.
- 한 번에 하나의 특정한 바람이나 과제에 집중하라.
- 자신의 목표에 관한 긍정적인 확언이나 자기 충족적 예언을 만들라.
- 늘 목표를 머릿속에 그리면서 잠자리에 들라.

계획을 기록하라

대부분의 사람들이 자신이 원하는 것을 글로 써보라고 하면 주저한다. 나는 간혹 세미나 도중에 종이를 청중에게 나눠주며 자신의 목표를 구체적으로 적은 후 세미나가 끝나면 제출하라고 요구한다. 하지만 실제로 해오는 사람은 5퍼센트도 안 된다. 상당수의 사람들이 머릿속으로는 괜찮은 생각이라고 끄덕이면서도 막상 세세하게 쓰는 것은 성가시다고 여긴다. 이런 사람들이 꼭 하는 말이 있다.

"적지 않아도 머릿속에 다 들어 있어요. 구태여 쓰지 않아도 나는 내가 무엇을 원하는지 알고 있습니다."

바로 이러한 태도가 전 세계 인구 중 단 5퍼센트만이 성공하는 주된 이유이다. 성공한 사람들은 하나같이 자신의 목표가 최종 결과에 이를 때까지의 과정과 절차를 세세하게 적어 놓는다.

당신은 "뭘 종이에 적기까지야! 기억할 수 있으면 됐지"라고 말할 수도 있다. 당신은 자신의 기억력을 그토록 맹신하는가? 그렇다면 한 번 시험해보자. 이 책의 맨 처음 두 페이지의 내용을 떠올려보라. 기억이 안 나더라도 당황할 필요는 없다. 책장을 도로 넘겨 확인하면 되니 말이다. 하지만 이것이 가능한 까닭은 결국 이 책 역시 글로 쓰여 있기 때문이다.

시각이 우리의 감각 인식 중 약 87퍼센트를 차지한다는 것은 널리 알려진 사실이다. 우리는 종이에 직접 옮겨 씀으로써 머릿속으로만 생각하고 있을 때보다 훨씬 깊이 잠재의식 속에 나의 계획을 새겨 넣을 수 있다. 학창 시절 잘못을 저질렀을 때 선생님은 종종 우리에게 반성문을 쓰도록 시켰다. 백 마디 꾸중보다 직접 자신의 잘못과 앞으로의 다짐에 대해 쓰는 것이 훨씬 효과적이라는 사실을 선생님은 알았던 것이다. 지시사항이 문자로 기록되면 잠재의식은 이를 따라잡아 그 정보들이 두뇌와 중추신경계를 통해 구현될 수 있도록 이미 그것을 기정사실화한다.

인생의 6가지 중요 영역에서 목표 세우기

이제 당신이 창의적 계획을 수립할 때 필요한 것들을 살펴보자. 여기에는 다음과 같은 양식이 유용할 것이다.

우선 당신은 인생의 중요한 6개 영역, 즉 직업, 재정, 육체, 정신, 가정, 영성에서 각각의 계획을 세울 수 있어야 한다. 이를 위해 확인해야 할 다음 항목을 이용하여 목표를 세워보자.

- 직업 : 일과 관련하여 무엇을 성취하고 싶은가?
- 재정 : 현실적으로 얼마만큼의 고정소득을 얻고 싶은가?
- 신체 : 멋진 몸매와 건강을 위해 무엇을 발달시키고 싶은가?
- 정신 : 삶의 여러 영역 중 어느 부분을 더 공부하고 싶은가?
- 가정 : 가족 및 배우자와 어떤 관계를 맺고 싶은가?
- 영성 : 영적으로 어떠한 경지에 도달하고 싶은가?

각각의 목표들은 다시 장기 목표와 단기 목표로 나눌 수 있다. 각 항목에서 궁극적으로 원하는 최종 목적과 이를 달성하기 위한 장기 목표, 그리고 지금 당장 실천에 옮길 단기 목표의 목록을 만들어보라.

행동기록부

우선 다음과 같은 행동기록부를 작성해보자.

1. 나의 **목표**(간단하게 기술한다. 가능하면 사진이나 그림을 부착한다.)

2. 왜 이것을 원하는가? 내게 어떠한 유익함이 있는가?

3. 목표에 도달하기 위해 내가 취해야 할 행동들은 무엇인가?

4. 어디에서 필요한 도움과 안내를 받을 수 있는가?

5. 계획을 실행에 옮기기로 결심한 날짜

6. 계획을 완수하기로 목표한 날짜

7. 계획 점검 및 수정 예정일

8. 우선적으로 해야 할 일은 무엇인가? 각각 시작과 종료일을 적어둔다.

9. 이 기간 동안 나는 다음과 같은 긍정적인 정신자세를 유지할 것이다(목표

　에 매진하는 동안 해야만 하는 일들에 관한 생각을 긍정적인 진술문으로 만든다).

내 운명의 청사진 _ 성숙한 나를 위한 5개년 계획

행동기록부를 완성했으면 이제 자신을 성숙시키기 위한 5개년 계획
을 세워야 한다.

　첫째, 완성한 행동기록부에 백지 한 장을 덧붙이고, 이를 '내 운명
의 청사진'이라고 명명한다. 우리는 앞으로 이 청사진 위에 '성숙한
나를 위한 5개년 개획'을 써나갈 것이다.

　둘째, 청사진에 새로운 정신적 · 영적 관점, 새로운 환경, 새로운
직업, 새 친구들, 보다 높은 수입, 그리고 삶에 있어서 더 나은 기준들
을 포함하는 계획을 세운다. 이것을 바탕으로 자신이 상상할 수 있는
가장 이상적인 인생의 윤곽을 그린다.

　셋째, 목표에 도달하는 데 도움이 될 만한 기회들이 없는지 살펴본
다. 아울러 자신이 그 길에서 벗어나 있지는 않은지 수시로 점검한다.

　넷째, 남은 생애 동안 계속해서 청사진을 교정해나간다. 물론, 청

사진의 완성은 예정되어 있다. 하지만 청사진은 끊임없이 수정하고 덧붙여 진화시켜 나가야 할 미완성 교향곡임을 잊지 말라.

마지막으로 이를 지금 이 순간부터 시작하라. 우리가 해야 할 가장 위대한 발견 중 하나는 바로 '지금 이 순간을 사는 법'을 배우는 것이다. 우리는 지금 이 순간밖에는 존재하지 못한다. 과거는 돌이킬 수 없으며 미래는 미리 살 수 없다. 그런데도 많은 사람들이 과거에 얽매이거나 미래를 위해 현재를 희생하는 우를 범하고 있다. 특히 목표와 계획을 세울 때는 이러한 함정에 빠지지 않도록 주의해야 한다. 어제에 대한 모든 집착을 당신의 머릿속에서 지워라. 또한 아직 다가오지 않은 미래를 위해 현재를 희생시켜서는 안 된다. 많은 사람들이 미래 속에 살면서 오늘 해야 할 일들을 소홀히 한다. 미래를 위해 계획을 세운다는 것과 미래 속에 산다는 말은 전혀 다르다. 미래 속에서 산다는 것은 일종의 현실 도피이다. 결국 좌절, 초조함, 실패만 남을 뿐이다.

균형 잡히고 창의적인 삶을 살고 싶다면 오늘 자신 앞에 닥친 일들을 기꺼이 해내는 습관을 들여야 한다. 그것도 아주 훌륭하게 해내기 위해 애써라. 설령 유쾌한 일이 아니더라도 현재 당면한 일을 잘해내는 법을 익히면, 당신은 성장을 위한 가치 있는 교훈을 스스로에게 가르쳐줄 수 있다. 어떤 사람들은 기회만 주어지면 무슨 일이든 아주 잘해낼 수 있으리라는 착각에 빠져 있다. 하지만 우주에는 엄연한 한 원리가 있다. 우리가 이 순간적 삶의 상황을 관리할 수 있는 능력을 증명하지 못하는 한, 인생은 결코 우리에게 그 이상의 어떠한 기회도 허락하지 않는다.

현재를 제대로 살지 못하면 당신이 꿈꾸는 미래는 결코 오지 않는다. 지금 당장 해야 하는 일이 당신이 반드시 해야 하는 바로 그 일이다. 미래는 미리 정해져 있지 않다. 당신이 오늘을 어떻게 사느냐에 따라 미래는 시시각각 변한다. 지금 이 순간은 더 나은 미래를 위한 기회의 행진이라고 할 수 있다. 그 기회를 붙들어 당신이 할 수 있는 최선의 노력을 다해야 한다. 우리가 미래를 위해 할 수 있는 일은 오직 그것뿐이다.

직관을 믿고 의지하라

목표 세우기는 그 자체로서도 중요한 일이지만 그것이 삶의 참된 목적과 방향을 가려서는 안 된다. 목표가 당신을 미래에 가둬 현재의 삶을 사는 것을 방해해서는 안 된다는 뜻이다.

당신은 선택한 목표를 이루기 위해 어떻게 행동해야 할지 정했는가? 그렇다면 이제 편안한 마음으로 자신이 해야만 하는 일들의 우선순위를 좇아 인내심을 가지고 실천하라. 그 가운데 새로운 인식체계가 당신을 이끌어가도록 허용하는 법을 배워야 한다.

미래에 대한 두려움이나 조바심은 버려라. 이로써 당신은 현실과 조화를 이룰 수 있고, 당신이 해야 하는 일을 알려주는 마음의 안내자에게 귀 기울일 수 있다.

마음의 안내자는 언제든지 대기하고 있으니 찾아서 이용하라. 그러지 않으면 당신의 인식체계는 창조적 계획에 필요한 지혜를 갖추지 못하고, 일이 풀리지 않을 때마다 환멸을 느끼거나 실망하게 될 것이다.

목표와 계획을 세울 때는 이를 수행할 수 있도록 지혜를 달라고 요청하라. 당신이 의식적으로 사고해왔던 생각을 내려놓고 당신의 초의식적 마음을 향하여 올바른 선택을 내릴 수 있도록 조언을 구하라. 그러면 당신이 무엇을 해야 할지 안내받을 수 있을 것이다.

당신의 직관을 믿어라. 직관은 보다 높은 차원의 지적 존재로부터 나오는 것으로 틀릴 수가 없다. 일단 직관이 발휘되면 즉각 행동하라. 그리고 새로운 안내자에게 기꺼이 마음을 열어 자신을 맡기고 변화를 두려워하지 마라.

마음의 안내자를 구할 때는 자신이 원하는 직접적인 상태나 결과보다는 이러한 것들을 얻기 위한 지혜를 구하는 것이 바람직하다. 새집, 새 차, 돈과 같이 직접적인 것들보다는 판단력, 성실함, 믿음, 인내심 등을 구하라. 당신의 야망이 작가, 배우, 사업가, 운동선수나 그밖에 무엇이 되었든지 이를 성취할 수 있는 지혜를 구하라. 그 지혜는 당신이 원하는 것이 무엇이든 이룰 수 있게 해줄 것이다.

그러나 한꺼번에 모든 것이 변하기를 기대하지는 마라. 한 번에 한 걸음씩 나아가라. 변화에 대해 융통성을 갖고 대처하라. 설사 당신이 원하던 그 목표에 도달하지 못하더라도 지금보다는 더 나은 자신과 만날 수 있다. 그 과정에서 당신은 경이로운 느낌과 성취감을 경험하게 될 것이다.

직관은 오직 좌절과 고통만을 안겨주는 여건 속으로 당신을 밀어 넣는 대신 당신과 딱 맞는 사람과 장소, 시의적절한 상황으로 당신을 인도해줄 것이다.

인생이란 열차여행에 비유할 수 있다. 우리는 열차에 올라 목적지에 도착할 때까지 잠자코 머물러 있어야 한다. 열차는 도중에 멈추거나 선로를 바꿀 수도 있겠지만 우리가 열차에서 내리지 않는 한 종착역에 이를 수 있다. 그러나 타고 내리기를 끊임없이 반복하면 결코 종착역에 다다르지 못한다.

종착역에 도착하고 싶다면 아래와 같이 하면 된다.

- 승차를 결정한다(자신의 목표를 선택하라).
- 목적지에 이르는 안전하고 빠른 길을 고른다(올바른 목표를 세워라).
- 기차표를 산다(자신이 원하는 것을 위해 기꺼이 대가를 치러라).
- 열차에 탄다(행동에 돌입하라).

당신의 열차가 지금 플랫폼에서 대기 중이다. 지금이 바로 열차에 오를 시간이다.

현재의 당신 모습은 당신이 원한 것이다

지금 이 순간이 좋든 싫든 당신이 이러한 모습으로 존재하는 것은 당신이 원했기 때문이다. 당신은 어쩌면 지금 불행할지도 모른다. 승진 시험에 번번이 떨어졌을 수도 있고, 부부관계는 날로 나빠지고 있으며, 고생해서 키운 자녀들과 점점 거리감이 느껴질 수도 있다. 마치 깜깜한 터널에서 홀로 버둥거리며 헤매는 듯한 기분이 들고 미래가 막막할 수도 있다.

하지만 당신이 그렇게 살아가는 이유는 당신이 의식적, 무의식적으로 그런 상황이 벌어지도록 만들어왔기 때문이다. 당신은 변화를 위해 대가를 지불하기보다 현재 상태에서 주저앉기를 원했던 것이다. 내 말에 화가 난 당신은 이렇게 항변할지도 모른다. "당신이 내 입장이 되어 봤소?", "모르는 소리 말아요. 당신이 나에 대해 알기는 뭘 안다는 말이에요?", "지금으로서는 어떻게 해볼 도리가 없어요.", "나라고 멋진 인생을 꿈꾸지 않은 줄 아세요? 하지만 보세요. 불가능하잖아요?" 등등.

당신의 이러한 말이 터무니없다고 생각하지는 않는다. 진심일 수도 있다. 그러나 분명한 사실은 당신이 현재 상황에 이르기까지 자신의 잠재능력을 가둬왔다는 것이다. 당신은 어느 누군가가, 또는 환경이나 여건 등이 당신의 행복을 자기 마음대로 컨트롤하도록 내버려뒀다. 즉 당신의 인생을 조종할 수 있는 권한을 외부세계에 넘겨줬던 것이다.

실제로 방금 전 당신은 현재 처한 상황이 그것을 변화시킬 수 있는 내면의 힘보다 훨씬 크다는 것을 공공연히 선언한 셈이다. 결국 당신의 잠재의식은 당신이 해온 온갖 부정적인 말의 씨앗을 틔워, 당신이 요청했던 그대로를 이뤄놓을 것이다.

인생에 대한 접근방식이 소심하고 우유부단하면 결국 이는 무기력, 실망감, 실패 등의 모습으로 나타난다. 많은 사람들이 실수할까봐 두려워서, 혹은 자신의 꿈이 실현될 수 없을 거라는 잘못된 믿음 때문에 행동하지 못한다.

"나는 때를 잘못 만났어!" 당신이 이렇게 탄식하며 절망할 때 당신 속에 있는 위대한 발명과 발견들은 속절없이 사라져간다. 세상에는 우리 각자가 반드시 맡아서 해야만 하는 일이 있다. 따라서 이러한 태도는 인류에 있어서도 비극이라 하지 않을 수 없다.

1880년으로 거슬러 올라가 미국의 특허청에서 일했던 한 직원의 사직서 이야기를 해보자. 그는 사직서에 이렇게 적었다.

"인간이 상상할 수 있는 모든 발명이 다 이루어졌다. 그래서 나는 내 직업에서 어떠한 장래성도 엿볼 수 없게 되었다."

이 사람처럼 되지 마라. 미래는 정해져 있지 않다. 자신의 생각을 현실로 옮기기 위해 부단히 애쓰는 사람들에게 기회는 항상 열려 있다.

운명은 용감한 자의 편이다

운명은 용감한 자를 좋아한다. 당신이 살고 싶은 세상, 다스리고 싶은 상황, 이루고 싶은 위대함을 마음속에 품어야만 한다.

당신 속에 있는 무한한 가능성은 당신이 지금 당장 행동으로 옮겨야만 현실로 나타날 수 있다. 마냥 '잘됐으면 좋겠다'라는 식으로 생각해서는 결코 꿈을 이룰 수 없다.

역사에서 다음의 교훈을 얻어라.

"망설이는 자는 패배한다."

굳이 내가 말하지 않더라도 우물쭈물하다가 기회를 놓쳤던 적이 있을 것이다. 담대한 행동력을 배우게 되면 다시는 이러한 실패를 경험할 필요가 없다.

당신은 자유로워질 준비가 되었는가? 자기 확신을 쌓아가기 위해 최선을 다하기로 마음먹었는가? 그렇다면 당신의 한계가 당신의 생각을 지배하는 대신, 당신의 생각이 당신의 한계를 지배하도록 만들어야 한다.

잠깐 당신의 삶을 돌아보라. 무엇이 보이는가? 기회, 사랑, 행복, 성공 등이 보이는가? 아니면 "나는 아무것도 할 수 없어"라며 투덜거리고 있는 자신이 보이는가? 일단 마음의 힘에 채워뒀던 족쇄를 풀겠다는 결심을 하자. "지금까지의 나약한 생활방식에 염증이 난다!"라고 선언한다면 당신은 행동력에 필요한 동기를 강화시킬 수 있을 것이다. 자신을 포로로 여기지 마라. 그러지 않으면 영원히 한 곳에서만 머물게 될 것이다.

우리가 한계를 깨뜨리고 나오는 데 있어서 대단히 비범한 인물이 될 필요는 없다. 사실 세상에 위대한 인물은 없다. 오직 위대한 일을 하기로 결심한 평범한 인간만 있을 뿐이다. 이들은 자신의 무한한 잠재력을 드러내고 싶은 갈망으로 가득 차 있으며, 마음 깊숙이 존재하는 갈망을 성취할 때까지 매일같이 싸워 하나씩 극복해나간다. 또한 주변 여건이나 타인을 비난하는 대신 이를 긍정적인 상황으로 돌리기 위해 행동한다.

당신도 이렇게 행동하라. 무언가 간절히 이루고 싶다면 먼저 태도부터 분명히 하라. 더 이상 변명하거나 엄살떨 시간이 없다.

실패를 친구로 삼아라

실패는 성장을 위한 필수 요소이다. 그러나 대부분의 사람들이 실패를 두려워한다. 어린 시절 우리는 실패에 대해 전혀 개의치 않았다. 혹시 어릴 적 스케이트를 배우던 때를 기억하는가? 스케이트를 타다가 넘어지더라도 금세 일어나 다시 얼음을 제쳤다. 넘어졌다고 해서 자신을 실패한 사람으로 여기지 않았다.

이처럼 우리는 어린 시절 '시도'와 '실수'를 통해 삶에 필요한 모든 것을 학습하였다. 어떤 때는 성공했지만 실패한 때도 있었다. 하지만 실패했다고 해서 주저앉지 않았다. 안 되면 될 때까지 계속 시도하였다. 갓난아기가 자기 혼자 설 수 있기까지 얼마나 많은 실패를 반복했을지 상상할 수 있는가? 하지만 실패했다고 해서 자신을 책망하거나 움츠러들지 않았다. 다시는 시도하지 않겠다고 마음먹은 적도 없었다. 그저 실패는 성장 과정의 일부분이었을 뿐이다.

그런 우리가 자라면서 점차 실패를 두려워하기 시작했다. 언제부터인가 실패는 부끄럽고 잘못된 것이라는 생각을 주입받은 것이다. 그때부터 우리는 실패를 겪을 때마다 타인을 신경 쓰고, 실패한 자신에 대해 어떻게 생각할지 눈치를 살피게 된 것이다. 결국 우리는 실패를 피하는 가장 좋은 방법으로 '성공이 보장된 일'만 하겠다고 결심하게 된 것이다. 하지만 인생에서 100퍼센트 확신할 수 있는 일은 거의 없기에, 우리의 행동은 필연적으로 제한될 수밖에 없었다. 아마도 이러한 태도는 10대 무렵 또래로부터 인정받기 위해 애쓰던 과정에서 생겨난 것일 수도 있다. 대부분의 10대들은 또래집단 앞에서 창피당하고 무시당하는 것을 죽기보다 싫어한다.

우리는 10대의 많은 시간들을 자신과 타인을 비교하며 보냈다. 주위를 둘러보면 항상 내가 가지지 못한 것들을 다른 아이들이 갖고 있었다. 큰 키, 멋진 몸매, 똑똑함, 자상한 부모님, 좋은 집, 세련된 옷, 유머감각, 발군의 운동 실력까지. 그러다 보니 자연스럽게 의기소침해져 도전 속으로 뛰어드는 일을 피하기 시작했다. 실패는 어떠한 대가를 치르더라도 반드시 피해야 한다고 생각했다. 시험 치는 날 배가 아프다며 등교 거부를 하는 아이들이 많은 것도 모두 이런 이유 때문이다.

이러한 습성들은 결국 잠재의식에 새겨져 우리의 사고와 행동을 제한하게 되었다. 그리고 불쾌한 상황을 피하고 나름대로 적응하기 위한 안전지대를 만들어 자기만족을 누릴 정도의 길만 살짝 터 두었다. 이러한 안전지대는 무한한 가능성에 대해서도 셔터를 굳게 닫아 놓기 마련이다.

우리가 만든 안전지대를 부수기 위해서는 실패를 친구로 삼을 수 있어야 한다. 타인에게 인정받는 것에 연연하지 않으면 우리가 최종 목표에 도달하기까지 얼마나 많은 실수를 하건 문제가 되지 않는다. 금세기 최고의 발명가 토머스 에디슨은 전구를 발명하기 위해 무려 1만 번의 실험을 하였다. 이는 1만 번에 가까운 실패를 경험했다는 뜻이다. 하지만 그는 개의치 않았다. 사람들이 실험에 실패할 때마다 좌절하지 않았느냐고 묻자 그는 도리어 이렇게 대답했다.

"실패라니요? 전구가 만들어지지 않는 9999가지의 방식을 성공적으로 알아냈을 뿐인 걸요!"

우리는 이 일화를 통해 끈기의 중요성을 배울 수 있다. 끈기는 꿈을 이루는 자와 이루지 못하는 자를 가르는 역동적인 자질이다. 끈기는 종종 놀랍게도 지능, 지식, 교육, 심지어는 경험과 대치하기도 한다. 끈기 있는 자를 이길 수 있는 방법은 아무것도 없다. 끈기 있는 사람은 어떠한 상황이나 여건도 자신의 앞길에 끼어들어 훼방을 놓도록 놔두지 않는다.

어느 익명의 작가는 이를 두고 다음과 같이 표현했다.

이 세상의 그 어떤 것도 끈기를 대신할 수는 없다. 재능으로도 안 된다. 재능을 갖고도 성공하지 못한 사람만큼 흔한 사례도 없다. 천재도 아니다. 별 볼 일 없이 살다간 천재들의 이야기는 누구나 알고 있다. 교육도 그렇게 하지 못한다. 세상은 배웠다는 바보들로 넘쳐난다. 오직 끈기와 결심만이 모든 것을 가능하게 만든다.

기대의 법칙

다양한 심리학 연구 결과는 성공의 성패를 좌우하는 근본 요인 중 하나가 바로 '기대'에 있음을 보여준다. 달리 말해 자신의 성공을 기대한 사람이 그 일에 대해 성공할 확률이 높다는 뜻이다. 역사상 가장 훌륭한 권투선수 중 한 명인 무하마드 알리는 경기 전에 인터뷰를 할 때면 항상 "이 경기에서 이기고 나서……"라고 말하며 승리를 확신했다. 그는 결코 "만약 내가 이 경기에서 이긴다면……"이라고 말하지 않았다. 바로 이것이 자기 확신이다. 아리스토텔레스는 "당신이 기대하는 바, 바로 그것을 얻게 될 것이다"라고 말하였다.

기대가 당신의 삶을 주관하므로 당신 역시 기대를 다룰 수 있어야 한다. 당신이 긍정적인 상황을 기대한다면 당신에게 긍정적인 일들이 일어날 것이다. 그러나 발생할 수 있는 최악의 사태를 기대한다면 결국 그렇게 되고 말 것이다. 자신의 삶이 부정적인 생각들로 지배당하도록 놔두면, 자신도 모르는 사이 부정적인 결과를 기대하는 습관을 가지게 된다. 연구 결과에 따르면 약 90퍼센트가 넘는 사람들이 부정적인 기대를 갖고 있다고 한다.

납득하기 힘든 이야기일지 모르나 당신이 늙어가는 이유 역시 당신이 그걸 기대하고 있기 때문이다. 당신은 일정한 나이에 접어들면 늙어가도록 프로그래밍되어 있다. 시간이 흘러 그 시점에 이르면 잠재의식을 통해 나이 든 사람의 말투, 옷차림, 성격 등을 받아들이도록 한다. 코끼리는 본능적으로 자신의 죽음을 예측하여 죽을 때가 다가오면 자신들의 공동묘지를 향해 여정을 떠난다. 그런데 내가 아는 대다수의 사람들이 그와 똑같은 행동을 하고 있다.

자기 확신은 긍정적인 기대를 통해 다져진다. 어떠한 장애물이라도 극복할 수 있는 힘이 자신에게 있다는 사실을 깨달음으로써 우리는 긍정적인 기대를 쌓아갈 수 있다. 많은 사람들이 과거 지향적인 습관을 가지고 있다. 이들은 기념물, 신문기사, 낡은 편지, 추억이 얽힌 잡동사니들을 모아둔다. 이러한 행위 자체에는 전혀 문제가 없다. 그러나 성공을 원한다면 자신의 마음을 과거보다 미래에 집중시키는 것이 옳다. 예를 들어 과거의 물건에 집착하기보다 미래에 가고 싶은

곳, 되고 싶은 것, 가지고 싶은 것들의 그림이나 사진을 스크랩하는 것이 훨씬 생산적이다.

미래에 대한 기대와 열정으로 행동하라. 열정은 모든 동기부여의 원동력이자 성공을 향한 비결 중 하나이다. 열정Enthusiasm의 어원은 그리스어에서 왔는데 '~안에'라는 뜻을 가진 'en'과, '신神'이라는 뜻을 가진 'theos'가 결합된 말이다. 한마디로 열정이란 '내면의 신'이라고 해석할 수 있다. 원하는 것은 뭐든지 달성할 수 있도록 힘을 내주는, 당신 마음속에 존재하는 신의 능력이 바로 열정이다.

성공하는 사람과 실패하는 사람 사이의 실질적인 기술이나 능력, 지능의 차이는 아주 미미하다. 두 사람이 공평하게 겨룬다면 열정을 가진 쪽으로 저울추가 좀 더 기울 것이다. 우리는 능력은 부족했지만 열정만큼은 남달랐던 사람들의 성공 사례를 수없이 목격했다. 그리고 누구보다 뛰어난 능력을 가졌으나 열정이 부족하여 실패한 경우는 이보다 더 흔하다.

미국의 소설가 마크 트웨인은 성공의 비결에 대해 이렇게 대답했다. "태어날 때부터 신났거든." 한편 토머스 에디슨은 "사람이 죽을 때 열정을 물려줄 수 있다면 그는 헤아릴 수 없는 가치를 자산으로 남기는 것이다"라고 말했고, 에머슨은 자신의 에세이에서 "역사상 가장 위대하며 가슴 벅찬 순간들은 모두 누군가의 열정이 빚어낸 승리이다"라고 말했다.

당신이 긍정적인 무언가를 기대한다면 끌어당김의 법칙에 따라

원하는 것을 끌어당길 것이다. 잊지 마라. 오늘 내가 기대하는 바가
내일 나의 인생이 된다.

비밀 준수의 원칙, 목표를 떠벌리지 말고 내면에 다져라

자신이 이루고자 하는 것이 무엇인지 다른 사람들에게 떠들고 다니
는 데 시간을 써서는 안 된다. 이는 타인으로부터 인정받기를 원하는
마음이 겉으로 발현된 또 다른 형태일 뿐이다. 목표를 떠들고 다님으
로써 당신을 통제하고 싶어 하는 사람들에게 여지를 만들어주어서는
안 된다. 필시 방해를 받아 목표를 달성하는 데 필요한 소중한 힘이
분산될 것이다.

　대부분의 사람들은 당신을 부추겨 목표에서 벗어나도록 만들 것
이다. 그들은 다른 사람이 자기보다 더 많은 것을 갖거나 잘해내는 것
을 보면 속쓰려 한다. 그래서 누군가가 일상의 평범한 존재가 되는 것
을 거부하고, 이를 깨뜨리려고 하면 그를 주저앉히기 위해 온갖 수단
을 동원한다. 그런 인간들에게 기회를 주지 마라. 업적을 남길 수도
있었던 수많은 사람들이 다른 사람, 특히 가족이나 친지들이 김빠
지는 소리를 하도록 기회를 준 나머지 시작하기도 전에 포기해버리
고 말았다. 누군가와 목표를 함께 공유할 것이 아니라면 당신 혼자만
간직하고 있어라.

POINT

- 행복한 삶을 살기 원한다면 가치 있는 인생 계획을 세워야 한다. 삶의 모든 영역을 돌아보며 당신이 어디로 가고 싶은지, 무엇을 하고 싶은지, 그리고 가장 중요한 것인 '어떤 존재가 되고 싶은지'에 대한 계획을 세워라.

- 목표 달성을 위해서는 큰 목표를 작은 목표로 쪼갤 필요가 있다. 도저히 불가능할 것처럼 보이는 목표도 작게 쪼개면 '할 만한 일'로 보인다. 또한 각각의 단기적 목표들이 현실화되면 성취를 통한 만족감이 다음 목표를 위한 자극제가 된다.

- 당신이 진짜로 원하는 것을 종이에 적어라. 적지 않아도 머릿속에 다 있다고 이야기하지 마라. 그것은 오만이다. 계획을 종이에 직접 적음으로써 이를 잠재의식에 훨씬 더 깊숙이 새겨 넣을 수 있다.

- 목표를 행동으로 이끄는 과정은 다음과 같다.

  – 인생의 중요 영역인 직업, 재정, 육체, 정신, 가정, 영성에 대한 목표를 세워라.

  – 각각의 목표를 장기 목표와 단기 목표로 구분하라.

  – 목표를 향해 나아가기 위해 필요한 행동과 일을 기술하라(행동기록부).

  – 성숙한 나를 위한 5개년 계획을 수립하라.

- 천리 길도 한 걸음부터라고 했다. 처음부터 모든 것이 바뀔 수 있다고 기대하기보다 지금 바로 시작하고, 한 걸음씩 나아가라.

열 번째 비밀

명상, 나를 위한 최고의 쉼

당신이 스스로에게 줄 수 있는 가장 좋은 휴식은 명상이다. 동서고금을 막론하고 인류의 향상에 힘을 쏟았던 선지자들은 정신적, 육체적, 영적 잠재력을 발휘하기 위해 명상을 했다. 완전한 쉼과 이완을 통해 내적 커뮤니케이션을 완성시켜 분열된 자아가 아닌 하나의 자아로서 세상과 일체감을 이루었다.

명상은 인류가 잠재력을 발휘하기 위해 개발한 수많은 보조 수단 중 가장 대표적인 것이다. 명상은 특정 집단이나 개인의 산물이 아니기 때문에 군이 특정 종교나 교파와 연관시킬 필요가 없다. 명상을 둘러싼 신비주의나 미신으로 인해 종종 거부감을 갖는 경우가 있는데, 명상은 자신의 내면과 대화를 나누는 것이지 외부의 무언가를 위해 있는 것이 아니다.

명상은 어떤 비법이나 의식을 요구하지 않는다. 덕분에 아주 손쉽게 배울 수 있다. 명상법에 대해 인도해줄 안내자가 있으면 더 좋겠지만 그렇다고 반드시 필요한 것은 아니다. 명상 능력은 이미 우리 안에 내재되어 있다. 기본 원리만 이해한다면 타인의 도움을 받지 않고도 충분히 혼자 할 수 있다.

명상, 마음의 훈련

명상은 우리 안에 내재된 힘의 원천과 만날 수 있도록 도와준다. 마음을 정화시켜 창조적 사고와 직관, 영감 등을 민감하게 받아들일 수 있는 의식 상태를 만들어준다. 혹시라도 우리가 잘못된 길을 가고 있지는 않은지 살피고 다시 바른 길로 갈 수 있도록 인도해준다.

명상을 하면 우주의 큰마음으로 돌아가 조율되는 까닭에 모든 사물과 일체가 된다. 신경계의 깊숙한 쉼을 통해 우리가 지닌 완전한 잠재력을 발휘할 수 있도록 돕는다. 여기서의 쉼이란 우리가 보통 취하는 수면보다 더 깊으면서도 깨어 있는 상태를 유지하는 것이다. 완전한 쉼을 통해 스트레스가 해소되고 평온함을 누리게 된다. 운동선수들이 신체를 훈련하기 위해 달리는 것처럼, 우리는 명상을 통해 잠재력을 발휘하도록 마음을 훈련시킬 수 있다. 이것이 바로 명상이 일상적인 삶의 효율을 높여주는 근본적인 이유 중 하나이다.

그렇다면 명상은 언제 하는 것이 좋을까? 우선 하루 일과를 시작하기 전에 명상할 시간을 따로 마련해두라. 보통 아침 식사 전을 권하고 싶다. 명상은 여러분을 우주의 생명력과 조우하게 해줘 그날 하루를 더 알차게 보낼 수 있도록 이끌어준다. 저녁에도 명상할 시간을 따로 마련하라. 원기를 회복할 수 있도록 잠들기 4시간 전쯤에 하는 것이 좋다. 밤에 하는 명상은 낮에 쌓아왔던 부정적인 감정들을 제거하는 데 효과가 있다.

명상의 효과를 톡톡히 누리려면 이와 같거나 적어도 유사한 계획들을 정기적으로 따라야 한다. 매일 한 번씩 하는 것이 이틀에 한 번, 또는 사흘에 한 번 하는 것보다 당연히 낫다. 우리에게 중요한 것은 누적효과이다. 또한 좋은 열매를 수확하기 위해서는 일관성을 유지해야 한다.

일단 제대로 명상을 하기 시작하면 당신은 절대 예전과 같은 모습으로 되돌아갈 수 없다. 그러니 명상을 당신 삶의 영원한 일부분으로 만들도록 노력하라.

명상을 삶의 일부분으로 만들라

명상을 하는 데 특정한 장소가 필요한 것은 아니다. 집에서도 충분히 할 수 있다. 가능하면 직사광선이 들어오지 않고, 세상의 소음으로부터 벗어난 조용한 실내가 좋다. 직사광선과 소음은 당신의 집중력을 분산시켜서 높은 차원의 마음과 소통할 수 있는 기회를 차단한다.

같은 장소에서 매일 명상하는 것이 좋다. 시간이 어느 정도 지나면 당신은 그곳에다 일종의 긍정적인 감응感應을 쌓아 놓게 된다. 이는 우리의 휴식을 도와 그 장소에 있기만 해도 자동적으로 고요함과 평화로움을 느끼게 만들어준다.

명상을 할 때는 신경계가 눌리지 않도록 척추를 곧게 편다. 바닥이 푹신하면서도 등을 곧게 유지할 수 있는 편안한 의자에 앉아 명상하는 것이 좋다. 자세가 지나치게 기울어지는 것을 막고, 몸의 무게를 골고루 분산시켜 더 오랜 시간 동안 한 자세로 있을 수 있도록 돕는다. 드러눕지는 마라. 이는 명상과 수면을 결합시키는 결과를 낳기 때문에 결국에는 꾸벅꾸벅 졸다가 명상을 통해 얻으려던 유익함을 모두 놓치게 된다.

명상을 시작하기 전에 당신이 반드시 기억해야 할 것이 있다. 결코 자신의 생각과 싸우지 말라는 것이다. 많은 사람들이 "자꾸 잡념이 생겨 명상을 못하겠다"라고 하소연한다. 떠오르는 생각에 저항할수록 그 생각은 당신을 더욱 집요하게 물고 늘어질 것이다. 일단 어떤 생각이 떠오르면 대항하지 말고 자연스럽게 흘러가도록 내버려둬라.

명상에 들어갔으면 우선 몸과 마음, 감각의 속도를 늦추도록 한다. 이는 몸과 마음에 창의적인 사고와 감응이 채워지도록 일종의 진공 상태로 만들기 위함이다. 해야 할 집안 청소나 쇼핑거리가 떠오르면 즉시 마음을 명상으로 되돌리는 연습을 해야 한다.

명상은 자동차 핸들을 돌리는 것과 같다. 제동을 걸어 천천히 속도를 줄인 후 방향을 돌려야 한다. 당신의 잠재의식이 명상을 도울 것이다. 일단 당신이 달성하려고 하는 것이 무엇인지 알게 되면 잠재의식은 그에 필요한 습관 양식을 만들어준다. 명상 습관이 잠재의식에 프로그래밍되면 나서서 애쓰지 않아도 삶의 일부분으로 자리 잡을 것이다. 이는 모터보트를 출발시키는 것과 유사하다. 처음에는 시동장치에 연결된 줄을 잡아당겨도 꿈쩍도 하지 않는다. 그러나 포기하지 않고 다시 한 번 잡아당기면 뭔가 걸리는 느낌과 함께 보트는 굉음을 내며 물살을 가로지른다. 명상도 마찬가지다. 처음에는 잘되지 않겠지만 몇 번 반복하면 자연스럽게 몸에 익어 명상에 이르는 시간이 점점 단축될 것이다.

이를 좀 더 자세히 살펴보면 다음과 같은 3단계 과정을 따르는 것이 좋다.

명상을 위한 3단계 과정

명상을 위해 거쳐야 할 3단계는 첫째, 이완하고 보내기. 둘째, 궁극에 이르러 귀를 기울이기. 셋째, 시각화하고 확언하기이다.

다음 방법들은 간단한 형식으로 되어 있지만 심리학, 종교, 동양철학 및 정신의학 분야에서 개발, 확립된 최신 기법들을 통합한 것이다.

이들 각각의 단계를 살펴보자.

제1단계 : 이완하고 보내기

긴장된 근육은 육체적, 정신적 에너지를 소진시킨다. 에너지의 분산을 막기 위해 온 몸의 근육을 이완시켜야 한다.

의자에 똑바로 앉아 눈을 감는다. 천천히 그리고 아주 편안하게 깊이 숨을 들이마신 뒤 내뱉는다. 긴장이 풀린 나를 느껴라. 숨을 내쉴 때 편안함을 느끼는 것이 정상이다. 그런 다음 근육들을 꽉 죄면서 수축시키거나 팽팽하게 힘을 주었다가 다시 풀어준다. 팔부터 시작해서 손과 어깨로 옮아간다. 다음에는 등과 아랫배 근육들도 같은 방법으로 되풀이한다. 마지막으로 허벅지와 종아리, 발의 근육을 이완시킨다. 다시 한 번 깊이 숨을 들이쉰 후 긴장을 풀어준다.

이 부분에서 어떤 사람들은 주문을 외우기도 하는데, 이는 내용상 별 의미가 없으며 그저 마음이 산란해지는 것을 막기 위해서 외는 것이다. 그러니 반드시 주문을 욀 필요는 없다. 주문이 효험이 있는 유일한 근거는 당신이 그렇게 믿고 있기 때문이다.

내가 지금까지 시험해본 가장 좋은 주문은 "보내라"였다. 만약 당신에게 주문이 필요하다 싶으면 "보내라"를 되풀이하라. 모든 근심, 걱정과 불안, 부정적인 생각들을 흘려보냈다는 느낌이 들 때까지 천천히 호흡하면서 "보내라"를 반복해서 말하라. 마음이 조용히 가라앉아 평온해지고, 모든 의식적 사고로부터 벗어나 비워질 때까지 이 말을 반복한다. 이로써 당신의 마음은 활짝 열려 모든 직관과 초의식을 받아들이게 된다.

제2단계 : 궁극에 다가가 귀를 기울이기

이 단계는 마음을 확장시키는 단계이다. 위대한 사상가, 철학자, 신학자, 과학자들이 모든 사안에 대해 저마다 의견을 달리했지만 단 하나 동의한 것이 있다. 우주에는 '창조적 지성'이 존재한다는 사실이다. 이 지성 또는 마음은 모든 생각의 시원始原이다.

당신 마음의 안내자, 즉 직관은 초의식으로부터 시작하여 잠재의식을 통해 들어온다. 잠재의식은 양쪽이 열린 원통과 같다. 한쪽 끝은 초의식으로부터 창의적 사고가 들어오고, 다른 반대편에서는 의식단계의 마음으로부터 지시를 받는다. 앞서 말했듯이 이성 또는 의식적 마음은 우리의 인식체계를 왜곡시켜 자신을 기만하도록 만든다.

우주의 창조적 지성에 접속하여, 잠재력이 방해받지 않도록 의식적 사고를 가라앉혀야 한다. 이는 언제든지 쓸 수 있는 거대한 발전기를 장착한 발전소를 관리하는 것과 같다. 일단 이 힘이 당신의 의식으로 들어오도록 허용하기만 하면 당신의 인생은 보다 활기찬 경험으로 넘쳐날 것이다.

그 힘이 어떻게 작동하는지 굳이 이해하려거나 계산할 필요는 없다. 그 힘이 엄연히 존재하며 우리를 인도하여 인생의 장애물을 헤쳐나갈 수 있도록 해준다는 사실만 명심하면 된다. 몇 분간 시간을 내서 해와 구름, 별과 바다를 운행하는 그 힘이 당신의 내면에도 있다는 사실에 관해 명상하라. 당신 역시 그 힘의 표현임을 깨닫고, 그 힘은 완전하다는 사실을 인정하라. 당신의 마음이 그 안에서 노닐도록 하라.

그 힘이 당신의 의식으로 들어와 당신을 환히 비출 수 있도록 기회를 줘라. 당신이 그 완전하고 무한한 힘과 하나임을 이해하라.

당신의 삶에서 필요하거나 해결해야 할 문제가 있다면 간략히 언급하는 것도 좋다. 하지만 당신은 지금 전지전능한 존재와 대면하고 있으므로 시시콜콜 말할 필요는 없다. 그렇게 해도 무방하지만 그건 어디까지나 당신이 그 편을 편하게 여긴다면 그렇게 해도 괜찮다는 뜻이다. 하지만 어느 한 가지 생각에 집착하는 것은 좋지 않다. 모든 의식이 자연스럽게 흐르도록 생각을 놓아두라. 당신의 마음을 레이더의 전파발신기처럼 이리저리 비추며 돌도록 놔둬라. 그리고 어떤 목표물이 걸리는지 탐지하라. 안테나에 걸려든 모든 직관과 인도에 마음을 열어 받아들이도록 하라.

커뮤니케이션뿐만 아니라 명상을 할 때도 경청의 자세가 중요하다. 당장 해야 할 일들과 고민 때문에 명상에 집중하기 힘들 때가 있다. 가능하면 자신이 준비될 때까지 자질구레한 일들을 마음 한 쪽에 모아뒀다가 보내버리고 들어야 한다. 명상은 당신의 산란한 생각들을 침묵시키고, 귓전에 맴도는 온갖 수다와 의식적 마음이 아닌, 당신의 내면에 귀를 기울이는 시간이다.

명상이 습관화되면 당신은 어느 순간부터 무언가를 향해 귀 기울이고 있다는 사실을 깨닫게 될 것이다. 마음의 안내자는 당신의 직관을 통해 들어온다. 마치 어떤 부드러운 손길이 등을 쓱 미는 것처럼 갑작스런 충동, 즉 뭔가를 하거나 어디로 가야 한다는 느낌을 받을 것이다. 이것이 단서이며 당신이 나아가야 할 방향이다. 이를 믿고 안내에 따라 행동하라. 당신의 잠재의식은 초의식을 통해 전지전능한 힘과 연결되어 있으니 결코 잘못될 리 없다.

단지 좋아하지 않는다거나 믿지 않는다는 이유만으로 특정한 생각이나 충동을 배척하지 마라. 당신의 생각과 다르다는 이유로 걸어차지 마라. 당신의 의식과 이성이 당신에게 불리하게 작동할 수도 있다는 사실을 유념하고, 당신을 인도하는 대로 행하라. 어디론가 가거나 무언가를 하도록 암시받았다면 그대로 실천하라. 당신의 잠재의식에 모든 책임을 맡겨라. 분명히 당신에게 도움이 될 만한 사람들과 여건을 만나게 될 것이다. 나는 개인적으로 이러한 경험을 수백 번이나 해보았다.

제3단계 : 시각화하고 확언하기

당신이 하고 싶고, 이루고 싶고, 갖고 싶은 것이 무엇이든 시각화하고 확언하라. 의식의 상태에서 확신을 가지고 되풀이하는 모든 말들을 시각화하면 실제 경험이 된다.

당신 앞에 마음의 자막을 그려보라. 마음속에 있는 이미지들을 바꿔, 원하는 바에 따라 연기하는 자신을 지켜봐라. 당신은 인생을 충분히 변화시킬 수 있다. 그 비결은 이미 그러한 것들을 성취한 자신을 시각화하는 데 있다. 건강을 원한다면 건강한 자신의 모습을 그려보라. 부유해지고 싶다면 잔고가 잔뜩 쌓인 통장을 보며 기뻐하는 자신을 떠올려라. 어떠한 상황에서건 웃고 있는 자신의 얼굴을 보도록 하라. 눈으로 볼 뿐만 아니라 느끼도록 하라. 일단 비물리적인 세계에서 그것들을 시각화할 수 있으면, 그것들은 이미 하나의 실재와 마찬가지다. 윌리엄 제임스는 "생각의 내적 측면을 바꿈으로써 삶의 외부 측면을 바꿀 수 있다는 사실을 알게 된 것이 우리 세대의 가장 경이로운 발견이다"라고 말했다.

그 이미지들을 당신이 이루고자 하는 갈망과 관련한 긍정적인 확언이나 진술로 강화시켜라. 시각화하는 동안 조용히 이 말들을 되풀이하라. 언어는 창조적 힘을 지녔다는 것을 항상 기억하라.

마지막으로 덧붙일 것은 자신이 바라던 것이 이루어짐에 대해 미리 감사하라는 것이다. 그렇게 하면 우리의 갈망이 이미 성취의 길에 들어섰음을 의식적으로 인식하게 되고, 아울러 긍정적인 기대를 갖게 된다. 감사는 현실화에 있어서 가장 중요한 요소이다. 자신의 바람이 지금 확실히 달성되었다는 느낌을 즐기면서 눈을 뜨고 몸을 쫙 펴라.

명상을 많이 할수록 여러분은 명상을 즐기게 될 것이다. 그러나 시간을 적게 들일수록 명상이 번잡하고 까다로운 일처럼 여겨질 것이다. 당신이 자주 명상하면 그에 대한 보상 또한 두둑해진다는 것을 잊지 말자.

- 명상은 당신이 스스로에게 줄 수 있는 가장 좋은 휴식이다.

- 명상은 인류가 잠재력을 발휘하기 위해 개발한 수많은 보조 수단 중 대표적인 것이며, 자신의 내면과 대화를 나누는 과정이다.

- 명상에는 어떤 비법이나 의식이 필요하지 않다. 단, 같은 시간에 꾸준하게 하는 것이 중요하다. 명상을 위한 특별한 장소도 필요하지 않다. 다만 세상의 소음으로부터 벗어난 조용한 실내가 좋다.

- 가능한 한 같은 장소에서 매일 명상하면 그곳에 긍정적인 감응을 쌓을 수 있다. 이는 휴식을 도와 그 장소에 있기만 해도 고요함과 평화로움을 느낄 수 있도록 해준다.

- 명상을 위한 3단계 과정을 기억하라.

  – 이완하고 보내라.

  – 궁극에 이르러 귀를 기울여라.

  – 시각화하고 확언하라.

열한 번째 비밀

인생이라는 시간을 관리하라

바쁜 일상을 사는 사람들은 자주 "시간이 다 어디로 도망갔지?"라고 말한다. 사실 사람들은 늘 시간이 부족하다고 하는데 시간에 발이 달려 말 그대로 도망갔을 리는 없다. 시간은 좀 더 빠르게도, 혹은 좀 더 느리게도 가지 않는다. 그저 제 속도대로 똑딱똑딱 흘러갈 뿐이다. 스포츠경기에서 쓰는 스톱워치와는 달리 인생의 경기에서 우리는 시간을 멈출 수도 되돌릴 수도 없다.

그런데도 우리는 늘 시간이 부족하다고 말한다. 자신에게만 적게 주어진 것도 아닌데 말이다. 만약 당신이 시간이 없어서 어떤 일을 하지 못했다고 한다면 이렇게 말하는 것과 똑같다.

"시간을 내서 할 만큼 그 일이 내게 중요한 건 아니에요!"

당신이 그 일을 간절히 원했더라면, 없는 시간을 쪼개서라도 반드시 했을 것이다. 그게 바로 모든 사람에게 통용되는 시간의 법칙이다.

인정할 것은 인정하자. 다른 사람보다 시간을 더 많이 가진 사람은 어디에도 없다. 모든 인간에게 주어지는 시간은 똑같이 하루에 24시간이다. 부지런한 사람이든 게으른 사람이든 주어지는 시간은 모두 똑같다. 인생에서 가장 공평한 것은 하루에 주어지는 시간의 양이라고 말할 수도 있다. 그런데도 우리는 여전히 《이상한 나라의 앨리스》에 나오는 토끼처럼 똑같은 말을 반복하고 있다.

"바쁘다, 바빠!"

우리는 돈 관리에 애를 쓰는 것처럼 시간 관리에도 열의를 가져야 한다. 시간은 쏜살같이 흘러간다. 지금 이 순간을 스쳐가는 시간이 우리의 인생을 구성한다. 따라서 우리 존재는 우리가 보낸 시간들로 구성되어 있다고 해도 틀린 말이 아니다. 당신은 시간을 어떻게 사용하고 있는가? 당신의 언어 습관에서 찾아보자. "바빠서 미치겠어", "서두르고 있단 말이야", "정말 시간이 없었다니까!" 만약 이와 같은 말들을 반복하고 있다면 당신은 행복을 관에 집어넣고 말뚝을 박고 있는 중이다. 허겁지겁 살지 마라. 시간에 쫓기면 삶의 고유한 맛과 향기를 즐길 수 없다.

매일 아침, 창가 너머에는 신선한 공기와 따뜻한 햇볕, 울창한 숲과 푸른 하늘이 있다. 하지만 우리가 창문을 열어 이와 같은 풍경에 눈길을 주는 경우는 매우 드물다. 돌아누워 계속 잠을 청하든가, 아니면 침실에서 박차고 나와 직장으로 달려간다. 왜 그토록 허둥지둥 살아가느냐고 물으면 "얼마나 눈코 뜰 새 없이 바쁜데요. 한가하게 한눈 팔 새가 없습니다"라고 대답한다.

결국 당신이 시간을 관리하는 것이 아니라 시간이 당신을 지배하게 된다. 주객이 전도된 셈이다. 당신은 이제 시간을 지배하는 법을 배워야 한다. 시간의 하인 노릇은 당장 그만둬라. 시간을 낭비해서도 안 되지만, 시간에 사로잡혀서도 안 된다. 시간을 관리하는 법을 익혀 인생의 소중한 순간을 맞이하도록 하자. 지금 당장 시계에게서 채찍을 빼앗아야만 자기 주도적인 삶을 살 수 있다.

간절히 원하면 시간은 문제되지 않는다

인정사정없이 째깍거리며 돌아가는 시침을 보면 초조함이 밀려들고, 시간은 언제나 우리가 하고 싶은 것을 할 만큼 충분하지 않다는 생각이 들기도 한다. 어쩌면 당신은 지난 수년 동안 꼭 하고 싶었던 일들을 하지 못했을 수도 있다. 외국어를 배우거나 여행을 떠나거나 어떤 특정 분야를 공부하거나 책을 쓰거나 춤을 배우는 등 하고 싶었던 일을 하지 못한 채 이렇게 아쉬워하고 있을 것이다. "만약 나에게 더 많은 시간이 주어진다면 얼마나 좋을까! 그러면 이 모든 것들을 다 할 수 있을 텐데!" 당신은 진짜 바빠 보인다. 그런데 정말 그토록 바쁜 것이 사실일까? 단호히 말해 나는 그렇지 않다고 생각한다. 솔직히 말하자면 당신이 정말 그 일을 간절히 원했더라면 당신은 얼마든지 시간을 낼 수 있었을 것이다. 다만 절실하지 않았을 뿐이다. 그러니 당신이 하지 못한 일들에 대해 아쉬워할 필요가 없다.

내 말에 반발심이 든다면 한 가지 예를 들어보겠다. 나는 당신을 고용하여 이 책의 판매를 맡길 생각이다. 앞으로 48시간 동안 당신이 1권을 팔 때마다 100달러씩 주겠다. 솔깃한 제안이 아닌가? 당신이 나의 제안을 받아들였다고 해보자. 당신은 남은 48시간을 어떻게 보낼 것인가? 적어도 먹고, 게임을 하고, 텔레비전을 보고, 소파에 앉아 빈둥거리며 시간을 보내지는 않을 것이다. 그리고 책을 사지 않을 것 같은 사람과 수다를 떨며 보낼 것 같지도 않다. 당신은 아마 책을 팔기 위해 발바닥에 불이 나도록 뛰어다닐 것이다.

이번에는 당신이 학생이라고 가정해보자. 당신이 각 과목에서 A학점을 받을 때마다 5000달러 수표를 끊어줄 생각이다. 전체 평균이 4.0을 넘으면 10만 달러를 주겠다. 그래도 당신은 공부할 시간이 없다고 말할 것인가?

당신은 나의 제안을 실행하는 데 있어서 시간 관리에 대한 책을 읽어야 할 필요성도, 어느 기관에 등록해 공부할 필요성도 못 느꼈을 것이다.

그렇지 않겠는가? 그토록 갈망하는 목표를 찾아냈고 그걸 이루기 위한 걷잡을 수 없는 집념을 갖게 되었다면, 시간은 충분히 만들 수 있다.

바로 이것이 시간 관리의 비결이다. '그저 그랬으면 좋겠다'라는 바람만으로는 안 된다. 정말로 간절히 원해야만 시간이 주어진다. 우리 모두는 좀 더 보람찬 일들을 하며 하루를 보내고 싶어 한다. 하지만 실제로는 간절히 원하지 않는 까닭에 시간 때우기나 하며 속절없이 시간을 낭비하고 있다. 그러면서도 입으로는 "시간이 조금만 더 있었으면" 하고 투덜거린다. 하지만 과연 당신에게 하루에 24시간이 아닌 30시간이 주어진다 한들 달라질 게 있을까? 그저 시간을 때우기 위해 텔레비전 앞에 앉아 있는 시간만 길어지지 않을까?

시간을 다스리겠다고 마음먹었다면 우선 달력을 들어 계획표부터 짜야겠다는 생각을 버려라. 그것은 마지막 단계다. 그 전에 '내가 그걸 해야 하는 까닭'이 아닌 '내가 그것을 하고 싶은 까닭'에 대해 분명히 해야 한다. 일단 동기부여만 제대로 되면 성공 비결은 저절로 따라오게 마련이다.

시계와 달력을 나중에 생각하라는 말은 결코 시간을 경시하라는 뜻이 아니다. 시간을 대하는 법을 제대로 익혀야만 우리는 시간을 다룰 수 있고, 놀라운 결과를 얻어낼 수 있다. 결코 어렵지 않다. 첫 번째 시도가 어떤 큰 목표를 이루는 것이어야 할 필요도 없다. 성공의 비결은 바로 지금 시작하는 것이다. 일단 시간을 당신 편으로 만들면 아주 간단한 노력만으로도 큰 노력을 기울이는 데 필요한 자신감을 쌓아갈 수 있다.

이미 늦은 것은 없다

시간을 관리하고 싶지만 어디서부터 어떻게 시작해야 할지 막막한가? 제안을 하나 하자면, 아침에 좀 더 일찍 일어나라는 것이다. 이 한 걸음이 당신에게 한두 시간의 여유를 가져다줄 것이다. 그리고 당신에게 남은 날들을 좀 더 생산적으로 보낼 수 있도록 도울 것이다. 하고 싶은 일을 하나 골라서 아침식사 전에 남는 시간을 이용하여 해보라. 당신은 어떤 분야의 전문가가 되고 싶은가? 매일 아침 30분씩만 공부한다면 충분히 그 분야의 전문가가 될 수 있다. 그것이 당신에게 필요한 전부이다. 그리고 무엇보다 "물론 언젠가는 하고 싶지만 도무지 시간을 낼 수 있어야지" 하고 읊조리는 함정에서 벗어날 수 있다.

당신이 진짜 관심을 두고 있는 그 일, 놀이, 공부를 한 번도 시작해 보지 않았다는 사실이, 지금 이 순간에도 그것을 하지 못할 이유가 될 수는 없다. 시간은 결코 우리에게 아웃을 선언하지 않는다. 그저 우리 스스로가 '이미 끝났군' 하고 상상할 뿐이다. 늦었다고 생각할 때가 가장 빠르다! 시간은 우리에게 어떤 한계도 지우지 않는다. 그저 스스로가 짊어진 잘못된 믿음 때문에 이미 늦었다고 생각할 뿐이다.

'이 다음에' 이론

하고 싶은 일을 하기 위해 시간을 내는 것은 결단코 어렵지 않다. 예를 들어 어떤 일을 매주 하는 대신, 한 주씩 건너뛰어 해보자. 매주 월요일 저녁마다 같은 장소를 가는 대신 격주로 가자. 한 주씩 걸러 월요일 저녁 시간을 확보함으로써 당신은 이 시간에 다른 일, 더 중요한 일을 할 수 있을 것이다.

대부분 사람들이 "다음에", "이 다음에"라는 말을 연발하며 살아가고 있다. 물론 이들은 원대한 계획을 품고 있다. 아마도 위대한 일을 해낼 것이다. 하지만 도대체 언제 할 것인가? 이 다음에? 아이들이 자란 다음, 직장을 옮긴 다음, 새 차를 산 다음, 학교를 졸업한 다음, 청소를 한 다음, 도대체 그 '다음'이라는 시간은 언제 오는 것인가? 다음은 결코 올 수 없다. 다음이라는 시간을 끌고 오려면 오직 '지금 이 순간에' 하는 수밖에 없다. 그런데도 사람들은 "다음! 다음!"이라고 공염불을 외며, 언젠가는 자신이 바라던 것을 얻을 수 있을 거라는 착각에 빠져 산다. 지금 이 순간에도 기회가 당신에게 노크하고 있지만 문을 열어주지 않는다. 기회가 언제까지 우리 좋으라고 계단 밑에 쪼그리고 앉아 기다려주겠는가.

당신이 늘 원했던 것이 있다면 당장 시작하라. 아니면 계획이라도 지금 짜라. 그것도 힘들다면 당신의 잠재의식에 지금 프로그래밍하라. 내일이 아니다. 당신은 앞으로 오늘보다 더 많은 시간을 가질 수 없다. 지금 24시간을 어떻게 보내느냐가 이후에 이어지는 24시간을 어떻게 보낼지를 결정한다. 그리고 그 다음, 그 다음도 그렇게 흘러간다.

모험심을 가져라. 시간을 내서 산이나 바다, 하다못해 인근 공원이라도 산책하라. 날씨 걱정은 접어두고, 당장 일어나서 나가라. 도저히 상황이 여의치 않다면 상상력을 이용해보는 것도 좋은 방법이다. 여행 가방을 꾸린 다음 문을 힘껏 열고 나가 따분한 일상으로부터 탈출하는 장면을 상상하라. 비록 그 여행이 짧을지라도 "다음 주에 돌아올 거야!" 하고 말할 때의 스릴을 즐겨라. 일단 내가 뭔가를 해낼 것 같은 느낌을 가지면, 그 일은 반드시 일어난다. 여행은 당신의 일부가 될 것이고, 당신은 이 세상을 더 많이 알고자 하는 강렬한 열망에 휩싸인다.

외국으로 여행을 가고 싶다면 시간을 내서 계획하고 떠나라. 더 이상 꾸물대지 말라. 조지 버나드 쇼는 자신의 묘비명에 이렇게 적으라고 유언했다. "우물쭈물하다가 내 이럴 줄 알았지!"

당신 역시 우물쭈물하다가 눈 감기 직전에 땅을 치며 후회할지도 모른다. 우리는 지난날에 대해 얼마나 많은 후회를 하고 있는가? 이미 그걸로 충분하다.

느낌은 기대의 열쇠이다. 갑갑한 일상을 깨뜨릴 거라는 느낌을 가져라. 기대는 당신의 내면에 갈망을 불러일으킬 것이다. 기대감으로 흥분될수록 당신이 바라는 것을 얻는 시기도 빨리 다가온다. 기대를 통해 더 크고, 더 멋진 모험을 가져라.

시간은 폭군이 아니라 도구일 뿐이다

좌절과 낙담은 언제나 스스로 만드는 것이다. 조금만 달리 생각하면 시간이 우리를 채찍질하며 몰아대는 존재가 아니라는 사실을 깨닫게 된다. 시간은 우리를 고무시키고 격려하는 존재이다. 우리는 시간의 가치를 깨닫고 시간을 사랑해야 한다. 시간을 귀하게 여기는 법을 배워 현명하게 쓰기 위해 애써야 한다.

시간은 삶의 의미를 확장시켜주는 경험을 지녔을 때만 의미가 있다. 시간이란 어떻게 쓰느냐에 따라 한없이 지루하기도 하고, 쏜살같이 느껴질 수도 있다. 이것을 이해해야 우리는 일상의 시간들을 통제할 수 있고, 아울러 우리가 원하는 방식대로 우리가 원할 때 시간을 창출할 수 있다.

그렇다면 어떻게 해야 시간을 낼 수 있을까? 내 경우를 예로 들어보겠다. 내가 가장 좋아하는 일은 타인을 가르치는 일이다. 나는 1년에 약 150회 이상의 강연회를 개최한다. 강연회가 나의 일상생활 대부분을 차지하지만 나는 매우 만족하고 있다. 이 시간들을 진실로 아끼고 사랑한다.

사실 나는 작가 수업을 따로 받은 적이 없어서 작문 실력을 향상시키기 위해서는 많은 노력을 기울여야 한다는 사실을 안다. 그래서 나는 글 쓰는 시간을 따로 떼놓아 스스로 작문 훈련을 해왔다. 바쁘더라도 나에게 필요한 일인 만큼 반드시 시간을 내야 한다고 생각했기 때문이다.

특히 이 책은 내게 따로 시간을 내야 할 만큼 충분히 중요했다. 나는 지난 석 달 동안 이 목표를 달성하기 위해 세상으로부터 나를 격리시켰다. 친구들은 내가 죽었거나 실종됐다고 여겼을 정도로 나는 오직 원고를 쓰는 데만 집중했다. 결국 내 인생에서 이 석 달이라는 시간은 많은 사람들에게 유익함을 가져다주지 않았을까? 비록 나는 친구들에게 죽은 존재였으나 나는 이 책을 통해 생생히 살아 있다. 나는 매순간 설렜고 열정으로 가득 차 있었다. 기대와 열정이 나로 하여금 이 책을 완성하도록 힘을 주었다.

너무나 많은 사람들이 삶을 따분해한다. 그들은 할 게 없다고 말한다. 이 얼마나 비극인가? 술을 마시고, 텔레비전을 보고, 비디오게임이나 카드놀이를 하는 등 사람들은 무료함을 달래기 위해 수많은 일을 한다. 이들은 시간을 죽이는 동시에 자신의 창조적 상상력을 말살하고 있다. 이들에게는 공부나 명상, 자기계발에 쓸 시간이 존재하지 않기 때문이다.

인간은 행동하는 존재다. 행동하지 않는다는 것은 곧 죽었다는 말과 같다. 시계는 째깍거리며 돌아가고 있고, 삶은 매순간 긴급상황이다. 당신이 생각하는 '그때'가 바로 지금 이 순간이다. 그러니 지금 당장 실천에 옮겨라.

대부분의 사람들이 자신에게 주어진 시간의 막바지에 이르러서야 시간의 가치를 깨닫는다. 그리고 단 몇 분만이라도 더 달라고 애걸복걸한다. 그들에게 앞으로 24시간을 더 주겠다고 하면 어떤 대가를 치러서라도 그 시간을 가지려고 애쓸 것이다. 당신은 지금부터 24시간을 마음대로 쓸 수 있다. 잠재력을 펼치는 데 쓸 수도 있고, 스스로가 만든 지옥으로 미끄러져 내려가는 데 허비할 수도 있다. 선택은 언제나 당신이 하는 것이다.

화가가 붓을 다루듯 바이올리니스트가 바이올린을 다루듯, 우리는 시간을 소중히 다루는 법을 배워야 한다. 시간은 채찍이 아니다. 우리의 삶을 아름답게 덧칠해주고, 배경음악을 깔아주는 소중한 존재다. 우리는 늘 선택의 자유를 가지고 있다. 시간에 대해 두려워하기보다 그 가치를 습득해야 한다. 다시 말해 시간을 쓰는 사람은 당신이기 때문에 시간의 주체는 당신이 되어야 한다. 어떤 경우이든 시간 자체가 그 목적이 되어서는 안 된다. 시간을 주도적으로 사용하지 못하면 제아무리 시간을 분초 단위로 나눠 아껴 쓰더라도 이점이 없다.

시간을 보다 효과적으로 사용하고 싶다면 먼저 우선순위를 정해라. 이를 잘 활용할 수 있는 간단한 방법을 소개하겠다.

매일 저녁 잠자리에 들기 전, 당신이 다음날에 하고 싶은 '가장 중요한 6가지 일'에 대해 목록을 써라. 목록을 만들었으면 이것들을 우선순위에 맞게 배열한다. 일단 하기로 했던 일들을 끝내면 당신은 무한한 성취감에 젖어들 것이다. 일을 하나씩 완성할 때마다 그다음에 해야 할 일은 더 쉬워 보인다. 성공이 성공을 부르는 원리와 같다.

우리의 일상 활동에 포함된 잡다한 일들의 상대적 중요성은 자신이 정해야 한다. 시간을 잘 활용할 수 있도록 우선순위를 배정하는 작업은 매우 실질적인 정신훈련이다. 이러한 사전 평가 작업은 필요한 일과 불필요한 일을 분리하는 데 큰 도움이 된다. '천리 길도 한 걸음부터'라는 말처럼 일단 출발하는 것이 중요하고, 그 뒤부터는 꾸준히 앞을 향해 걸어야 한다.

시간을 효과적으로 관리하라는 말은 정신없이 바쁘게 살라는 뜻이 아니다. 어떤 사람들은 늘 경황없이 살아가지만 가만히 들여다보면 제 보폭을 유지하며 사는 사람보다 더 많은 것을 이루는 것도 아니다. 혹시 최근에 시간을 절약했으면 하고 바랐던 적이 있는가? 그렇게 저축한 시간을 가지고 무얼 할 생각이었는가? 필요할 때 쓰려고 한쪽에 고이 모셔놨는가? 시간은 관리될 뿐이지 저축할 수 없다. 시간을 모아보려고 노력해봤자 쌓이는 것은 조급함과 좌절감뿐이다.

시간 관리는 당신이 지금 시간을 어떻게 쓰고 있는지 깨닫는 데서부터 출발한다. 일상적인 활동들을 들여다본 후, 어디에 변화를 줄 수 있는지 파악해보라. 그리고 가장 마음에 걸리고 하기 싫은 과제와 활동부터 먼저 하라. 그러면 당신은 그 일을 더 열심히 할 수 있을 것이다. 왜냐하면 눈앞에는 보다 쉽고 즐거운 일들만 있기 때문이다.

우리는 거대한 리듬과 시간의 흐름이 지배하는 우주 속에 존재한다. 따라서 우리 몸과 마음은 반복되는 리듬에 쉽게 반응한다. 규칙적인 생활양식을 단조롭고 그저 그런 일종의 의무라고 생각하지 마라. 그러면 시간의 지배자가 될 수 없다. 대신 그것을 음악처럼 즐기며 일종의 리듬과 같은 존재로 여겨라. 나는 당신이 그 음악에 몸을 맡겨 춤추면서 인생의 다양한 멜로디를 느껴보기를 바란다.

POINT

● 시간은 누구에게나 똑같이 주어진다. 때문에 당신이 '시간이 없다'라고 말하는 것은 '그 일은 내가 시간을 내서 할 만큼 중요한 것이 아니에요'라고 말하는 것과 마찬가지다.

● 간절하게 원하면 시간은 문제되지 않는다. 바로 이것이 시간 관리의 비결이다. '그저 그랬으면 좋겠다'라는 바람으로는 안 된다. 정말로 간절히 원해야만 시간이 주어진다.

● 시간을 더 잘 관리하고 싶다면 우선 당신에게 주어진 시간을 좀 더 확보하기 위한 노력을 기울여라. 일단 아침에 좀 더 일찍 일어나라. 이렇게 되면 당신은 전문가가 되는 데 필요한 하루 30분의 여유를 더 얻을 수 있다.

● 당신이 늘 원했던 것이 있다면 '지금 당장' 시작하라. 아니면 계획이라도 지금 짜라. 그것마저 힘들다면 당신의 잠재의식에 지금 프로그래밍하라. 내일이 아니다. 지금 당장 해야 한다.

● 화가가 붓을 쓰듯 시간을 쓰는 사람은 당신이다. 그러니 시간에 종속되지 말고 시간의 주인이 되어라. 시간을 효과적으로 쓰는 것도 당신에게 달렸다. 무엇보다 일의 우선순위를 정하는 것이 도움이 될 것이다.

열두 번째 비밀

두려움, 정면으로 마주해야 할 무엇

두려움은 수천 년 동안 우리를 고통으로 몰아넣었다. 태초의 인류는 천둥과 번개, 들짐승, 그리고 무엇보다 서로를 두려워했다. '두려움'이라는 단어는 성경에 무려 400번 이상 나온다. 전쟁이 벌어지면 전쟁이 끝나지 않을까봐 두려워했고, 평화가 지속되면 또다시 전쟁이 일어날까봐 겁을 냈다. 우리는 자신과 타인, 그리고 일상에서 발생하는 크고 작은 무수한 상황들과 관련하여 늘 두려움을 안고 살아간다.

인간은 태어날 때 두 종류의 두려움을 갖고 있었다. 추락과 소음이다. 태아는 알 수 없는 힘에 의해 자궁에서 밀려나오며 처음으로 두려움을 느낀다. 이후 세상 밖으로 나온 태아는 엄마 뱃속에서는 들을 수 없었던 소음에 대해 공포를 느낀다. 나머지는 모두 우리가 살면서 스스로 만들어낸 것이다.

두려움의 형태는 다양하다. 간힌 공간을 두려워하는 밀실공포증, 열린 공간을 두려워하는 광장공포증, 고양이를 겁내는 고양이 기피증, 피를 두려워하는 혈액공포증, 높은 곳을 겁내는 고소공포증, 물을 두려워하는 물공포증, 어둠을 겁내는 어둠공포증 등. 하지만 이 모두는 우리가 살면서 스스로 만들어낸 것이다. 그런데 이 모든 두려움 가운데 가장 치명적인 것은 바로 실패에 대한 두려움이다.

두려움은 당신이 시도하는 어떠한 노력에도 치명타를 날릴 만큼 파괴적인 감정이다. 당신 속에 숨죽이고 있는 두려움을 떨쳐버려야 한다. 두려움이 당신의 삶을 조종하도록 허용한다면, 당신은 결코 자신이 갈망하는 삶을 살아갈 수 없다.

실행이 두려움을 이긴다

실패에 대해 계속 생각하면 실제로 실패하고 만다. 실패는 꾸준한 반복을 통해 연습된다. 당신은 실수나 실패에 대해 하루에 몇 번이나 생각하는가?

혹시 주변 사람들에게 자신이 "실패할 줄 알았다"라고 말한 적은 없는가? "내가 그렇지 뭐. 지금까지 쭉 그랬는데 별 수 있겠어"라고 말하거나 자신이 실패할 수밖에 없는 이유를 열거해본 적은 없는가? 이러한 부정적인 믿음을 고착화하는 습관은 당신이 도전의 기회를 맞을 때마다 "나는 안 돼!" 하고 뒷걸음치게 만든다.

실패에 대한 두려움을 극복하기 위해서는 어떻게 해야 할까? 우선 실패와 대면할 수 있어야 한다. 새로운 시도를 하기 전에 자신에게 물어보라. "이 일에서 있을 수 있는 최악의 상황이란 무엇일까?" 그리고 실패가 일어날 때를 가정하여 심리적으로 준비해두라.

하지만 명심해야 할 것이 있다. 실패를 가정하는 것과 실패에 대해 정신적 준비를 하는 것은 전혀 다르다는 것이다. 당신이 실패를 염려하면 실패가 기정사실화되고 말 것이다. 그러니 실패에 대해서는 최악의 사태에 부딪쳤을 때를 대비해 심리적 준비태세를 갖추는 것만으로 족하다. 이렇게 하면 어떠한 버거운 문제라도 맞서서 싸울 자신감을 가질 수 있다.

우리는 많은 일들을 염려하는데 사실 그 뿌리는 다음의 한 문장으로 요약된다.

"나는 현재 이 순간을 충실히 살고 있지 않다."

다시 생각해보자. 당신은 언제 걱정에 휩싸이게 되는가? 오직 당신의 생각이 미래 또는 과거를 향해 있을 때뿐이다. 지금 이 순간을 살고 있다면 걱정이라는 것은 애시당초 불가능하다. 예를 들어 지금 바로 째깍 넘어가는 이 1초에 걱정이 있겠는가? 당연히 없다! 왜냐하면 당신은 지금 이 책을 읽고 있기 때문이다. 이 책에 집중하고 있어 걱정할 새가 없었던 것이다.

걱정과 두려움을 이기는 가장 좋은 방법은 한 번에 한 순간을 사는 것이다. 더도 덜도 말고 자신에게 이렇게 다짐하자.

"다음 몇 분 동안, 몇 시간 동안, 또는 며칠 동안 나는 ○○○만 할 것이다."

단지 그 기간 동안만이라도 긍정적인 말을 하고, 자신의 약속을 지켜보라. 그다음은 신경을 끄고 잊어버려라. 한 번에 한 순간씩 인생을 살아가면 당신의 근심과 초조함도 줄어들어 결국에는 별로 대수롭지 않은 일로 여겨질 것이다.

그러기 위해선 유머감각을 잃지 않는 것이 매우 중요하다. 유머는 일종의 안전밸브이다. 유머는 당신이 지나치게 심각해지는 것을 막아준다. 대다수 사람들의 문제는 그들이 인생을 너무 버겁게 받아들이는 데서 일어난다.

종교는 특히 그 정도가 심해서 경쾌하고 신나고 재미있는 경험을 일순간에 죄책감의 원인으로 둔갑시키기도 한다. 우리에게는 긴장을 풀기 위한 유머감각이 있다. 유머를 통해 자신의 두려움에 대해서도 웃을 수 있어야 한다.

두려움을 피하지 않고 계속해서 정면 대결을 하다 보면 결국 두려움의 실체가 드러나는데 그것은 바로 허상虛像이다. 대부분의 두려움은 육체보다 마음을 지나치게 쓰는 데서 온다. 너무 많은 것을 생각하면서 행동에는 소홀하다 보면 거기에서 두려움이 싹튼다. 두려움을 없애는 가장 좋은 방법은 두려워하고 있는 그 일을 하는 것이다.

두려움을 없애고 몸의 긴장을 푸는 데 좋은 방법으로 산책이 있다. 몸을 움직이다 보면 자연스레 잡념이 사라진다. 산책을 나갈 때 이 책을 가져가는 것도 좋은 방법이다. 조용한 장소를 찾아 휴식을 취하며 책을 펼쳐보라. 당신의 잠재의식이 적당한 페이지로 인도할 것이다.

마음에 안정이 깃들고 긍정적인 에너지로 가득 차면 집으로 돌아오라. 읽은 내용을 떠올리면서 걷는 동안 몸과 마음이 완전한 균형을 이룰 것이다.

두려움은 균형이 깨질 때 생긴다. 우리는 몸의 균형은 중시하면서도 마음의 균형에는 큰 관심을 기울이지 않는 경향이 있다. 하지만 마음의 균형이 깨지면 육체에도 영향을 끼친다. 특히 책상에 가만히 앉아 두뇌를 쓰는 지식노동자일수록 신체적 활동량을 늘려 몸과 마음의 균형을 잡아줘야 한다.

변화는 우주의 질서다

정신병원은 변화를 받아들일 수 없는 사람들로 넘쳐난다. 이들은 변화로부터 탈출하기 위해 온갖 병을 만들어냈다. 세상에는 죽음과 세금만큼 피할 수 없는 것이 있는데, 바로 '변화'다. 사실 노화나 죽음 역시 일종의 변화다. 어느 누구도 변화를 피해갈 수 없다. 따라서 우리는 변화를 받아들이는 동시에 변화를 기대하는 법도 배워야 한다.

사실 더 좋은 집, 더 멋진 몸매, 더 명석한 두뇌 등 당신이 '원하는 모든 것'이 변화다. 그 중에서도 가장 중요한 변화는 사고방식의 변화이다. 이제 세상사를 흘러가는 대로 놔두지 말고 자신이 원하는 방식으로 가게끔 해야 한다. 이것은 누가 대신 해줄 수 있는 일이 아니다. 오직 당신 스스로 해야 한다.

변화는 차별화와 더불어 온다. 만약 당신이 평범함에서 벗어나고 싶다면, 의식적으로 달라지기를 원해야만 한다. 그러지 않으면 결코 변화는 오지 않을 것이다.

위대한 인물들은 모두 남달랐다. 그들은 대중과 차별화되었으며 그것이 그들을 탁월하게 만들었다. 여러분은 스스로에게 이런 다짐을 해야만 한다.

"나는 시시한 삶을 살지 않을 테야. 나는 달라! 나는 멋져! 나의 미래는 환상적이야. 나는 그저 그렇게 살려고 태어난 게 아니야. 그런 건 내 인생이 아니야."

지금 이 말을 반복해보라. 당신이 두려움에 젖어 의기소침해 있으면, 삶에서 모험을 찾을 수 없다. 다람쥐 쳇바퀴 도는 듯한 판 박힌 일상에 갇히는 것보다 더 나쁜 삶은 없다. 매일 밤 같은 침대에서 잠이 들고, 같은 식당에서 밥을 먹고, 같은 사람들을 만나고 같은 길을 따라 출근하고 같은 일을 한다는 것은 완전히 미친 짓이다. 이러한 일상은 당신의 창의성을 파괴해 조만간 신경정신과의 문을 두드리게 만들지도 모른다.

특히 이러한 일상에 사로잡힌 사람들은 단조로움의 노예가 되어 아주 작은 변화도 두려워하게 된다.

일상이 무료하다면 변화를 일으켜라. 변화는 다른 사람들을 무시한다거나, 혹은 스스로 우쭐해하는 느낌을 갖는다는 뜻이 아니다. 자신을 위해 말하고 행동할 권리를 주장하고, 자신의 행복을 위해 필요하다고 생각되는 일들을 해낸다는 뜻이다. 이에 대해 공자는 "항상 행복한 상태에 있기 위해서는 모름지기 자주 변해야 한다"라고 말했다.

당신이 지금부터 해야 할 일은 변화에 대항하여 싸우는 걸 멈추는 것이다. 변화와 더불어 살고, 변화를 즐기는 법을 익혀라. 날씨는 변할 것이다. 도시도 변할 것이다. 직장도 변할 것이다. 당신 주변의 사람들도 역시 그러할 것이다. 세상만사가 모두 변하는데 왜 그것과 대항하여 싸워야 하는가? 왜 이렇게 말하지 못하는가?

"상황 개선을 위해 내가 변화시킬 수 있는 게 뭔지 보자."

단, 긍정적인 방향으로 변하라는 뜻이지 나쁜 방향으로 변하라는 말은 아니다. 올바른 변화란 항상 긍정적이다. 아주 사소한 것에서부터 변화를 줘라. 이러한 작은 변화들이 모여 당신의 인생을 바꿀 것이다. 자신의 라이프스타일에 집착하지 말고, 가구를 바꾸거나 패션을 바꾸거나 자신의 물건을 사람들과 교환하라. 어떤 것도 있는 그대로 놔두지 말고 사물에 대한 흥미가 샘솟도록 계속 변화를 주라.

혹시 이렇게 하는 데 대해 은근히 반감이 드는가? 만약 그렇다면 당신은 여전히 변화에 대해 두려움을 느끼고 있는 것이다. 기억하라. 두려움을 극복하는 유일한 길은 당신이 가장 겁먹고 있는 '그것'을 하는 것이다. 그게 변화라면 당신이 해야 할 것도 바로 변화이다.

머리 스타일을 바꾸고, 새로운 음식에 도전하라. 외모에 만족스럽지 않다면 화장을 바꿔보거나 멋진 옷을 사라. 새로운 외모가 당신의 개성에 놀라움을 안겨줄지도 모른다. 변한 모습으로 친구들 앞에 나타나 그들의 놀란 표정을 즐겨보자.

변화를 몸에 익혀 습관화하라

변화는 하나의 습관이다. 우리의 모든 생애는 습관으로 이루어져 있다. 유년기 이래 당신은 지금 당신이 하는 방식 그대로 반응하도록 자신을 훈련시켜 왔다. 삶을 바꾼다는 것은 습관을 바꾼다는 말이다. 변화에 따른 두려움을 극복하기 위해 변화를 통해 당신이 얻을 수 있는 유익함에 집중하라. 그리고 변화에 따른 유익한 사항들을 직접 글로써 내려가라. 그 목록을 매일 읽고, 변화가 당신에게 어떠한 유익함을 가져다주는지 관찰하라.

인생에서 일어나는 모든 일을 '더 나은 삶'을 위한 변화의 기회로 바라볼 수 있어야 한다. 전근을 가야 한다든지, 직장이나 현재 부서가 없어진다든지, 직책이 사라졌다든지, 사랑하는 사람이 떠났다든지, 새로운 곳으로 이사를 가야 한다든지 하는 일이 벌어지더라도 부정적인 생각 대신 이 덕분에 생겨날 긍정적인 변화에 대해 생각하라.

당신이 변화에 맞서는 것을 멈추고 새로운 경험을 기대한다면 뭔가 좋은 일이 일어날 것이다. 좋은 일들은 당신이 변화할 준비를 갖추었을 때 비로소 온다.

● 두려움은 당신이 시도하는 어떠한 노력에도 치명타를 날릴 만큼 파괴적인 감정이다. 두려움은 선천적으로 타고나지 않는다. 당신이 가진 두려움은 모두 당신이 만들어낸 허상일 뿐이다.

● 실패에 대한 두려움은 가장 강력한 두려움 중 하나이다. 이는 당신을 옴짝달싹 못하게 만든다. 당신이 도전의 기회를 맞을 때마다 "나는 안 돼!"라고 강변하게 될 것이다. 여기에서 벗어나야 한다. 이를 위해서는 무엇보다 실패와 대면할 수 있어야 한다.

● 걱정과 두려움을 이기는 가장 좋은 방법은 한 번에 한 순간을 사는 것이다. 자신에게 "다음 몇 분 동안, 몇 시간 동안, 또는 며칠 동안 나는 ○○○만을 할 것이다"라고 의식적으로 다짐을 하라.

● 두려움 때문에 변화와 싸워서는 안 된다. 항상 행복하려면 변화를 즐길 수 있어야 한다. 변화와 더불어 살고, 기꺼이 맞이할 수 있어야 한다.

● 변화는 하나의 습관이다. 삶을 바꾼다는 것은 습관을 바꾸는 것이나 마찬가지여서, 변화에 따른 두려움을 극복하려면 당신이 변화를 통해 얻을 수 있는 유익함에 집중해야 한다.

열세 번째 비밀

경청, 소통의 본질

상담을 하면서 흔히 듣는 말 중 하나가 "우리는 서로 안 통하네요"이다. 대부분의 사람들이 소통은 말이나 글 같은 언어로만 하는 것이라고 생각한다. 하지만 그렇지 않다. 우리는 지금도 소통을 하고 있는 중이다. 사람들은 몸짓, 표정, 독특한 버릇이나 심지어는 침묵을 통해서도 소통한다. 우리의 소통 능력은 우리의 '말'만큼이나 '말하지 않는' 속에서 드러난다.

서양문화에서는 비언어적 소통이 많이 발달하지 않았다. 그러나 어떤 문화권에서는 비언어적 소통을 상당히 강조하고 있다. 예를 들어 한자문화권에서는 이심전심以心傳心이라는 말이 있다. '마음'에서 '마음'으로 전달된다는 이 말은, 언어를 사용하지 않고도 충분히 메시지가 전달된다는 사실을 보여준다. 사람은 자신의 말뿐만 아니라 제스처나 표정, 동작 등을 통해 표현한 부분에 대해서도 책임을 져야 한다.

당신이 현재 타인과의 의사소통에 문제가 있다면 일차적인 책임은 당신에게 있다. 왜 사람들이 자신을 이해하지 못하는지에 대해서는 불만을 품지 마라. 당신은 아무 말도 하지 않았는데 미움을 받는다는 생각이 든다면 어쩌면 당신이 타인을 대하는 방식이나 비언어적 소통에서 보이는 몰이해에 기인한 것일 수도 있다. 가족 간의 불화, 사업상의 의사소통 부재, 개인적인 오해들, 심지어 전쟁의 근본 뿌리도 알고 보면 다른 사람의 관점을 이해하지 못하는 데에 있다. 따라서 우리는 타인을 변화시키려고 하는 대신, 타인을 향한 우리의 자세를 먼저 바꿔야 한다.

커뮤니케이션은 자신의 생각을 표현하는 하나의 전달체계다. 자신을 표현한다는 것은 우리가 내면에 생각하고 있는 것을 겉으로 표출해낸다는 뜻이다. 쌍방향의 대화는 때때로 놀라운 결과를 가져온다. 이에 대해 헨리 워즈워스 롱펠로Henry Wadsworth Longfellow는 "현명한 사람과 테이블에 마주 앉아 주고받는 짧은 대화가 10년간 책만 읽으며 공부하는 것보다 낫다"라고 말하기도 했다.

사회생활에서 일어하는 대다수의 실패는 소통의 부재나 오해에서 온다. 결혼생활이 위기를 맞는 근본 원인은 부부 모두 어떻게 소통해야 하는지에 대해 전혀 배우지 않았기 때문이다. 비즈니스에서도 커뮤니케이션에 문제가 있으면 여지없이 실패하고 만다. 사업의 실패가 아니라 사람의 실패인 것이다.

어느 설문조사에 따르면, 직원들이 생각하는 가장 이상적인 관리자는 '의사소통이 잘되는' 상사라고 한다. 아무리 업무 능력이 뛰어나더라도 소통에 문제가 있으면 사회적으로 성공할 수가 없다는 방증이다.

우리 각자는 자기 인생의 관리자다. 비즈니스, 가족, 직업, 교육, 친구관계 등 그것이 무엇이 되었든 지금 당신이 관리 중에 있다고 말할 수 있다. 이 모든 역할을 잘 수행하기 위해서는 긍정적인 커뮤니케이션을 할 수 있어야 한다. 여러분이 보다 효과적인 의사소통을 할 수 있는 몇 가지 방법을 소개하겠다.

듣고, 듣고, 또 들어라

소통에 있어서 '경청'만큼 중요한 것은 없다. 재미있는 이야기를 하나 해보자. 두 여자가 길을 걷고 있는데, 반대편에서 한 여자가 걸어오고 있었다. 두 여자 중 한 명이 그 여자와 친구였다. 두 여자는 10분 동안 대화를 나눴다. 주로 한 여자가 떠들었고, 반대편에서 온 여자는 묵묵히 들어주기만 했다. 마침내 대화가 끝나고 각자 걸어가던 길을 다시 걸었다. 수다를 떨었던 여자가 친구에게 속삭였다. "저 여자는 내가 알고 있는 가장 똑똑한 여자야." 그러자 친구가 이의를 제기했다. "하지만 그 친구는 거의 한마디도 안 했잖아." 그러자 수다쟁이 친구가 말했다. "아니야. 내 말에 귀 기울이고 있는 것만 봐도 똑똑한 게 틀림없어!"

빈 수레가 요란한 법이다. 즐겨 말하기보다는 즐겨 들어라. 사람들은 자신의 말을 잘 들어주는 사람을 좋아한다. 자신이 존중받고 있다는 느낌이 들기 때문이다. 그러나 경청의 미덕은 점차 잊히고 있다. 대부분의 사람들은 상대가 말을 끝맺기도 전에 끼어들지 못해 안달한다. 제 말만 실컷 하고서는 상대방이 말을 시작하면 딴청을 피우기 일쑤다. 상대방의 말에 귀 기울이기보다 그다음에 자기가 할 말을 속으로 연습하기 바쁘다.

텔레파시 연구 중 확립된 이론에 따르면 누군가 생각을 전송했으나 받을 사람이 없다면 그 생각은 간단히 말해 존재하지 않는 것과 같다고 한다. 다시 말해 생각이 존재하기 위해서는 '수용자'와 '전송자' 모두가 있어야 한다. 대화도 마찬가지다. 누군가 당신에게 말하고 있지만 당신이 듣고 있지 않다면 그 대화는 존재하지 않는 것이나 마찬가지다.

경청은 소통의 핵심 요소인데도 불구하고 매우 소홀히 취급되고 있다. 우리 생활의 상당 부분이 읽고, 쓰고, 말하는 데만 사용될 뿐, 경청의 기술을 익히는 데는 거의 시간을 들이지 않고 있다. 정작 본인은 타인의 말을 듣는 데 전혀 관심 없으면서, 타인이 자기 말을 들어주지 않으면 섭섭해한다. "왜 내 말을 귓등으로도 안 듣는 거야", "눈곱만큼도 내 말에 관심이 없다 이거지?" 하면서 씩씩거린다.

당신의 말보다 당신의 경청 자세가 타인에게 더 큰 영향력을 행사한다. 진지한 경청은 단순한 침묵 이상의 효과를 낳는다. 그들은 당신이 자신을 존중해준다고 여길 것이며 당신에게 호감을 느낄 것이다. 반면 하품, 냉소, 중간에 말 잘라먹기, 타인의 의견에 노골적으로 반대하기, 현재의 대화 내용을 하찮게 여기는 태도 등은 나와 상대방 사이를 벌려놓는다. 상대는 속으로 '이런 무례한 사람 같으니!'라고 생각하고, 결국 당신과의 대화에 문제가 있다고 판단해 당신이 아닌 다른 사람을 찾을 것이다.

세상은 자신의 말을 들어줄 사람을 찾아 울부짖는다. 사람들은 자기 말을 듣게 하기 위해 온갖 방법을 다 쓴다. 어린아이들이 느닷없이 앙탈을 부리고, 물건을 엎지르고, 형제자매와 싸우는 것도 누군가 제 말을 들어주기를 원해서이다. 사춘기 학생들은 수업을 빼먹거나 부모님, 선생님께 반항하는 것으로 자기주장을 편다. 배우자는 히스테리를 부리거나 외박을 통해, 종업원은 불평불만을 쏟는 것으로 자신의 의견을 표출한다. 어떤 식으로든 사람들은 자신의 의견을 전달할 수 있는 방법을 찾고 있다.

그럼에도 불구하고 대부분의 사람들은 소통을 하지 않는다. 그저 자기 차례가 되어 말할 뿐이다. 사람들은 들을 필요가 없다고 생각되면 전혀 경청하지 않는다. 제대로 들어보려고 하거나 경청의 기술을 향상시키려는 사람이 거의 없다. 여기에 문제가 있다. 나는 지역공동체 배움터에서 두 종류의 수업 과정을 개설한 적이 있는데, 하나는 '말 잘하는 법'이었고, 다른 하나는 '경청'이었다. 사실 내가 이러한 주제를 정한 것은 다분히 의도적이었다. 나는 사람들의 커뮤니케이션 성향에 대해 알고 싶었다. 결과는 예상대로였다. 말하기 수업은 신청 인원이 너무 많아 한 반을 더 개설해야 했지만 경청 수업에는 단한 명의 신청자도 없었다. 모든 사람들이 말하기만 원할 뿐, 듣고 싶어 하지는 않았다.

이 사실을 염두에 둔다면 여러분이 가장 후하게 점수를 줄 만한 사람은 누구겠는가? 당신의 말을 성심성의껏 들어주는 사람이다. 우리는 자신의 말에 귀 기울여주는 사람에게 다가가게 되어 있다. 이것이바로 수많은 정신과 의사들과 카운슬러들이 바쁜 업무에 시달리는이유이다. 사람들은 누군가가 자신의 말을 들어주기를 원한다. 심지어 그에 대한 보답으로 한 시간에 100달러 이상의 돈을 지불하는 것도 아까워하지 않는다. 아무도 자신에게 관심을 가져주지 않으면 자신이 무의미한 존재로 느껴지고, 이는 곧 외로움으로 이어지기 때문이다.

그런데 기본적으로 우리는 즐겨 말하기 위해 즐겨 듣는 법도 익혀야 한다. 커뮤니케이션의 본질은 소통이기 때문이다. 경청하는 법을배워야 하는 까닭도 그래서이다. 좋은 경청자가 되기 위해서는 먼저경청을 즐겨야만 한다. 당신이 만나는 모든 사람들이 저마다 소중한존재라는 느낌을 갖도록 그들의 말에 귀 기울여라. 만약 어떤 조직의리더라든가 사회적으로 비중 있는 사람이 당신과 대화하기를 원한다면, 당신은 두 귀를 쫑긋 세우고 경청할 것이다. 하지만 거리의 청소부, 카페 종업원, 운전기사, 파출부가 당신에게 말을 건다면 앞에 말한 사람들만큼 집중할 수 있겠는가? 아마도 그렇지 않을 것이다. 하지만 지구상의 모든 사람들이 일주일 동안 어디론가 사라져 버렸다고 해보자. 그렇다면 당신은 누구를 더 그리워할 것 같은가? 사회적 지위가 높은 사람인가? 아니면 당신의 일상적 삶을 더 쾌적하게 만들어주는 사람일까? 궁극적으로 모든 사람들은 상하 구분 없이 모두 소중한 존재이다.

좋은 경청자가 되기 위해 노력하는 과정에서 당신은 사람들이 얼마나 매력적인 존재인지 깨달을 수 있을 것이다. 평소 별 볼 일 없어 보이던 사람들도 갑자기 흥미진진해진다. 세상에 재미없는 사람이란 없다. 단지 무관심한 사람들만 있을 뿐이다.

우리는 다른 누구보다 자신에게 관심이 있다

당신이 가장 많은 관심을 쏟는 대상은 무엇인가? 아마도 자기 자신일 것이다. 이는 인간 본성의 한 단면이다. 다른 사람들도 마찬가지다. 긍정적인 커뮤니케이션 능력을 키우고 싶다면 먼저 타인에게 관심을 가져야 한다. 자신이 얼마나 똑똑한지, 재치가 있는지, 입담이 좋은지는 증명할 필요가 없다. 당신이 타인에게 귀 기울이는 순간, 타인도 당신에게 관심을 가질 것이다.

커뮤니케이션은 일방통행이 아닌 상호소통이다. 누군가 이야기를 하면 다른 누군가는 들어주어야 한다. 상대가 당신의 이야기에 관심을 보이지 않으면 당신은 더 이상 대화를 끌어갈 수 없다. 상대가 흥미 있어 할 주제를 꺼내야 한다. 그렇다면 사람들이 가장 흥미 있어 하는 것은 무엇일까? 바로 자기 자신이다. 내가 했던 일, 내가 하려고 짜놓은 계획, 내가 갔던 곳, 내게 일어났던 일 등등. 모두들 자신에 대해 말하고 싶어 한다.

따라서 친해지고 싶은 사람이 있다면 먼저 그가 관심을 기울일 만한 대화거리를 꺼내야 한다. 그런데 이때 우리가 종종 저지르는 실수가 있다. 상대에게 고정관념을 갖는 것이다. 흔히 사람들은 여자는 패션, 요리, 육아, 가사 등에 대해서 이야기하고 싶어 할 것이라고 추측한다. 하지만 그렇지 않다. 많은 여성들이 시사, 비즈니스, 자동차, 와인에 대해 말하기를 좋아한다. 마찬가지로 남자들이라고 해서 모두 주식시장, 축구경기, 낚시, 사업 등에만 관심이 있는 것은 아니다. 많은 남성들이 그보다는 요리, 예술, 패션, 자녀 문제 등에 대해 대화하기를 원한다.

그러니 대화로 소통하고자 할 때는 고정관념에 사로잡히지 말고 상대방의 관심이 어디에 있는지 찾으려는 노력을 기울여야 한다.

사람들이 자기 다음으로 좋아하는 주제는 자기 견해이다. 재미있는 사실은, 사람들이 자기가 잘 알지도 못하는 것들에 대해 얼마나 이러쿵저러쿵 갑론을박하고 있는지 정작 자신은 모른다는 것이다. 견해를 밝힐 만큼 그것에 대한 지식이 해박하지 않다는 사실을 인정하는 사람은 거의 없다. 오히려 나름의 이론을 만들어내 스스로 뿌듯해한다. 그러나 그들의 견해가 핵심에서 벗어나더라도 그들이 자신의 의견을 말할 수 있는 기회를 줘야 한다. 오직 깨달은 자에게만 말할 기회를 준다면 세상은 온통 침묵 속으로 빠져들 것이다. 설사 상대의 말이 하찮게 들려도 그 속에서 배움의 여지를 발견하고 귀 기울인다면 그들은 당신에게 매우 고마워할 것이다.

사람들은 '제3자'의 이야기를 하는 것도 좋아한다. 일명 '뒷담화'라고 할 수 있다. 사람들은 자신과는 전혀 상관없는 주제인데도 이때만큼은 두 눈을 반짝거린다. 종종 사실에 근거한 내용이 아닐지라도 그들의 입을 막을 수는 없다. 이때는 그들의 말에 토를 달거나 이의를 제기하기보다는 현재 대화의 소재가 되고 있는 사람의 좋은 점만 언급하는 것이 요령이다. 상대의 생각 자체를 바꿀 수는 없을지 모르지만, 이 전략을 통해 대화를 좀 더 유쾌하고 긍정적인 방향으로 돌릴 수 있다.

마지막으로 사람들이 수다 떨기를 좋아하는 주제는 신변잡기이다. 사람들은 자신이 알고 있는 것들에 대해 말하기를 좋아한다. 그런데 당신이 좋은 경청가가 된다면 이때 많은 정보를 얻을 수 있다. 비록 처음에는 흥미 없던 주제라도 그들의 말에 귀를 기울일수록 호기심이 커진다. 어떤 특정 분야에 대해 잘 알고 있는 사람들과 대화를 나누다 보면 당신 역시 놀랄 만큼 다양한 주제에 정통하게 될 것이다.

이제까지 사람들이 대화 주제로 삼기 좋아하는 것들에 대해 알아보았다. 그렇다면 사람들이 가장 꺼리는 주제는 무엇일까? 바로 '당신'이다. 사람들은 당신이 느끼는 삶의 권태로움, 당신의 부정적인 인생관, 당신이 당면한 문제 등에 대해서는 듣고 싶어 하지 않는다. 서운할지 모르지만 이는 사실이다. 사람들과 대화를 나눌 때 '나는'이라는 1인칭대명사를 얼마나 자주 쓰는지 세어보라. 만약 지나치다 싶을 만큼 내 이야기만 하고 있다면 주어를 '나'에서 '당신'으로 바꿔보라. 아마 상대의 얼굴에서 따분한 표정을 발견하는 일이 훨씬 줄어들 것이다.

한 연구 결과에 따르면 우리가 사용하는 말의 75퍼센트가 타인에게 들리지 않는다고 한다. 커뮤니케이션의 핵심은 대화의 초점을 상대방에게 맞추는 것이다. 그가 당신에 대해 말해달라고 할 때까지 기다려라. 그들이 들을 준비가 되었을 때 당신에 대해 말해야 한다. 아마도 그때는 당신이 먼저 그들에게 말할 기회를 준 '이후'가 될 것이다. 여러분이 자신에 대해 말할 때는 상대방의 관심을 '나'로 끌어오려고 해서는 안 된다. 그보다는 서로의 관심사가 겹쳐지는 교집합을 통해 공감대를 형성해야 한다.

긍정적인 대화만 하라

긍정적인 말은 긍정적인 상황을 부르고, 부정적인 말은 부정적인 상황을 부른다. 따라서 기분이 좋지 않더라도 불평불만은 피해야 한다. 만약 당신 주변에 '투덜이'가 있다면, 타인의 주목과 동정을 받기 위해 그가 발전시킨 방식일지도 모른다. 하지만 투덜이는 타인에게 불쾌감만 안겨줄 뿐, 사람들은 그를 피하기 시작할 것이다. 왜냐하면 그와 대화 몇 마디만 나눠도 기분이 가라앉기 때문이다. 결국 투덜이는 늘 외톨이일 수밖에 없다. 투덜이는 타인의 기분을 언짢게 할 뿐만 아니라, 끊임없는 부정적인 세뇌를 통해 타인의 잠재의식에도 부정적인 영향을 끼친다. 나의 한 친구는 이렇게 말하고는 했다.

"그 누구에게도 자신이 가지고 있는 문제에 대해 말해서는 안 돼. 절반의 사람들은 신경도 쓰지 않을 거고, 나머지 절반은 우리가 그런 문제를 가지고 있는 것에 대해 쾌재를 부를 테니까!"

사람들과 대화를 나눌 때는 서로에게 긍정적인 영향을 끼칠 수 있는 것들에 대해서만 말하라. 당신이 얼마나 인생을 즐기며 사는지, 얼마나 멋진 포부를 갖고 있는지, 얼마나 삶에 감사하고 있는지 알게 해준 다음, 사람들의 반응을 지켜보라. 긍정적인 파장을 보내는 사람은 자석처럼 타인을 끌어모으기 마련이다.

긍정적인 인생관은 향기로운 냄새를 뿜어내 사람들은 누구나 이들과 어울리고 싶어 한다. 비록 우울한 일이 있더라도 기분 좋은 것처럼 행동하라. 타인의 마음을 기쁘게 해줄 뿐만 아니라, 마침내는 자신의 기분마저 진짜로 좋아진다.

긍정적인 대화에는 '비밀 준수'도 포함된다. 당신에 대한 신뢰도는 당신이 얼마나 신중하고 사려 깊은지에 따라 정비례한다. 제3자에 관한 말을 꺼낼 때는 항상 먼저 자신에게 물어보라.

"이 말을 50명의 사람에게 해도 상관없을까?"

전혀 문제될 것이 없다는 생각이 든다면 말해도 괜찮다. 그러면 자연히 긍정적이고 건설적인 말들만 하게 될 것이다.

쉬운 말로 대화하라

쉽게 말하는 법을 배워야 한다. 만약 어린아이가 당신의 말을 이해하지 못한다면, 당신의 소통 능력에 무언가 부족함이 있는 것이다. 나는 대중연설가로 활동하면서 강연의 성과는 복잡하고 추상적인 개념을 얼마나 쉽게 설명할 수 있는지에 달렸다는 사실을 배웠다.

당신이 아무리 좋은 말을 하더라도 타인이 알아듣지 못한다면 소용이 없다. 그리고 그 책임은 쉽게 설명하지 못한 당신에게 있다. 어느 누구도 자기가 이해하지 못하는 것에 대해 주의를 기울이지 않는다. 수많은 지식인들이 자신보다 학력이 낮은 사람들과는 잘 소통하지 못하는데 그 까닭은 그들이 사물의 이치를 쉽게 설명하는 법을 배우지 못했기 때문이다. 누군가가 당신의 말을 이해하지 못한다고 해서 그들을 아둔하게 여겨서는 안 된다. 그보다는 당신이 요점을 간단명료하게 짚어내지 못했을 가능성이 높다. 월트 디즈니는 단순명료화의 수단으로 만화를 이용하였다.

역사상의 위대한 진리는 종종 비유나 우화를 통해 전해진다. 우리 역시 이를 본받아 일화나 비유, 사례 등을 적절히 활용하여 커뮤니케이션의 효과를 높이는 것이 좋다.

한편 상대방의 이해도를 측정하기 위한 좋은 방법으로 '피드백'이 있다. 대화 도중 상대방에게 이렇게 물어보라. "제 말이 정확히 전달되었나요?", "제 말에 동의하시나요?", "당신은 이 점에 대해서 어떻게 생각하시지요?" 이러한 방식의 상호교환은 쌍방향 커뮤니케이션을 활성화시킨다.

상대에게 좋은 인상을 받았다는 점을 알게 하라

인간은 누구나 자신이 소중한 존재로 느껴지기를 바란다. 상대방의 말에 깊은 인상을 받았다는 것을 상대 역시 느끼도록 하라. 그래서 자신이 소중한 존재라는 사실을 깨닫게 하라. 그러기 위해서는 대화를 나눌 때 당신의 모든 관심이 상대에게 쏠려 있어야 한다. 그리고 상대방에게 말할 기회를 최대한 많이 주어, 당신이 그를 존중하고 있다는 것을 느낄 수 있도록 하라. 그들의 직업이나 사회 경험이, 당신이 들었던 그 어떤 이야기보다 흥미진진한 것처럼 행동하라.

나는 일전에 5000명의 청중을 상대로 강연을 마친 후 집으로 돌아가기 위해 비행기를 탔다. 강연이 성황리에 끝나 나는 잔뜩 들떠 있었다. 내 옆에는 자신을 회계사라고 소개한 남자가 앉아 있었다. 사실 나는 회계사란 직업이 안정적이기는 하지만 굉장히 따분하다고 생각하고 있었다. 물론 내가 그렇게 느끼고 있다는 사실은 철저히 감추었다. 대신 나는 그의 이야기를 묵묵히 들어주었다. 그는 자신이 상대하고 있는 대기업의 복잡한 재정문제에 대해 이야기를 했다. 그런데 이상한 일이 벌어졌다. 나도 모르는 사이 점점 그의 이야기에 빨려 들어갔던 것이다. 나는 이 일을 통해 중요한 진리를 발견하였다.

겉으로 보기에는 따분해 보일지 모르는 이야기라도 당사자에게는 그 어떤 것보다 재미있고 흥미로운 주제라는 것이다. 그리고 이는 상대방에게도 고스란히 전해진다. 그러니까 세상에 재미없는 이야기란 있을 수 없다.

많은 사람들이 타인에게 감명을 주기 위해 골몰한 나머지 대화를 자연스럽게 이어가지 못한다. 하지만 의도와는 달리 이는 효과적인 의사소통에 방해만 될 뿐이다. 대화는 자연스러워야 한다. 어떤 인상을 남기기 위한 목적으로 대화를 하다 보면 필연적으로 타인이 이해하지 못하는 단어와 언어방식을 사용하게 된다. 상대방과 대등한 위치에서 말하기보다 자신이 얼마나 똑똑하고 유능한지를 보여주느라 정신이 없기 때문이다. 결국 상대방은 당신의 말에 감명받기는커녕 '참 잘난 척하는 친구로군. 가까이 하고 싶지 않아' 하고 생각하게 될 것이다.

당신이 하고 있는 말이 얼마나 훌륭한 견해인지는 중요하지 않다. 이러한 언어습관은 상대방에게 불쾌감만 줄 뿐이다. 만약 당신이 그들에게 지식으로 감동을 주려고 한다면 당신은 그 즉시 그들로부터 아웃 선언을 듣게 될 것이다. 반면 상대방의 감정과 관심사들을 소중히 여기며 대화를 나눈다면 그들은 당신을 현명하고 유쾌한 재담가로 여길 것이다.

장점을 찾아 진심으로 인정하라

장점이 없는 사람은 없다. 그 장점을 찾아 인정해주라. 만일 대다수의 사람들이 눈치 채지 못하고 있는 상대의 좋은 점에 대해 당신이 언급한다면 그는 당신에게 매우 고마워할 것이다. 그리고 그 때문에 자신을 더욱 사랑하고 존중하게 될 것이다. 결국 이는 타인을 위해서도 바람직한 일이다.

사실 누군가의 외모에 대해 칭찬하는 것은 어렵지 않다. 그보다는 상대적으로 덜 두드러진 면을 찾아내라. 자기 자신조차 깨닫지 못하고 있던 장점을 상기시켜라. 이는 상대에게 "나는 당신을 이 세상의 유일무이한 인격체로서 주목하고 있습니다"라고 말하는 것과 같다. 이로써 상대방은 자기 자신을 더욱 사랑할 이유 한 가지를 더 갖게 되는 셈이다.

상대방의 자존감을 세워주면 그들 역시 경계를 풀고 우호적인 태도를 취한다. 그러기 위해서는 앞에서 누누이 말했지만 자기 자신부터 잘 이해하고 배려해야 한다. 그래야만 마음의 여유가 생겨 타인의 장점도 눈에 더 잘 들어오기 때문이다. 우리가 세상의 만물 속에 있는 선한 기운을 들여다볼 때 세상도 그와 똑같은 시선으로 우리를 바라볼 것이다.

자신의 차례가 올 때까지 기다려라

대화를 나눌 때는 약간의 인내심이 필요하다. 우선 상대방에게 말할 기회를 준 후 자신의 차례를 기다릴 수 있어야 한다. 나는 예전에 어느 할리우드 파티에 참석한 적이 있다. 그곳에서 나는 어느 미모의 여배우를 만났는데, 그녀는 여러모로 내게 깊은 인상을 주었다. 그녀는 나에게 다가와 자기가 출연한 영화에 대해 한참 동안 수다를 떨었다. 그리고 마지막으로 선심을 쓰듯 말했다. "자, 이만하면 제 얘기는 충분히 한 것 같군요! 이제 선생님이 말씀하실 차례예요. 선생님께서는 제 영화를 보신 후 어떤 느낌을 받으셨나요?" 적어도 이 여배우처럼 되지는 말아야 할 것이다. 랠프 월도 에머슨은 "당신의 목청이 크게 울리는 곳에서는 당신의 말이 들리지 않는다"라고 했다.

사람들은 당신의 행동을 통해 당신을 평가한다. 사소하지만 배려 있는 행동들은 무의미한 제스처가 아니다. 입 밖으로 "나는 당신을 소중히 생각합니다"라고 꺼내지 않았을 뿐 이미 사려 깊은 대화를 나누고 있는 것이다.

불행히도 현대인은 예의범절을 소홀히 하는 경향이 있다. 그러나 예의는 과거 못지않게 현대에도 중요한 덕목이다. 당신의 사소하지만 친절한 행동은 타인을 기쁘게 한다. 그들은 자신이 존중받고 있다고 느낄 것이다. 이는 위선이 아니다. 당신에게 타인을 존중하는 마음이 없었다면 친절한 행동 또한 나오지 않았을 것이다.

하나의 행동은 백 마디의 말보다 더 큰 위력을 가지고 있다. 사람들은 우리의 인생철학을 말로 듣고 싶어 하지 않는다. 그들의 눈으로 직접 보고 싶어 한다. 우리의 신념이 삶 속에서 어떻게 구현되는지 지켜보는 것에 더 관심이 있다.

우리의 행동은 우리가 가지고 있는 사고방식을 반영한다. 당신이 건강하고, 행복하고, 여유롭고, 열정적이기까지 하다면 비로소 사람들은 당신에게 인생철학에 대해 묻기 시작할 것이다. 사실 종교에서의 전도 행위는 무의미하다. "더 많은 진리는 손으로 움켜잡지, 머리로 배우는 것이 아니다"라는 말이 있듯이, 누군가를 전도하고 싶다면 말보다 행동으로 증명해야 한다. 많은 종교 열성주의자들이 평화, 사랑, 구원, 궁극의 행복에 대해 전파하지만, 정작 그들의 행동을 보면 의심스러울 때가 많다. 진심으로 자신의 종교에 대해 설파하고 싶다면 먼저 자신의 행동양식에서부터 이를 보여줘야 한다. 성경은 이 점에 대해 분명히 말하고 있다.

"너희의 열매로 너희를 알려라."

당신의 인생은 유리진열장과 같다. 만약 당신이 긍정적인 삶을 살아가고 있다면 사람들은 걸음을 멈추고 당신 주변을 기웃거릴 것이다. 그리고 마음의 문을 활짝 열고 당신에게로 들어설 것이다.

약속시간을 엄수하라

인간관계에서 가장 중요한 것은 '신뢰'이다. 종종 약속시간을 어기는 것에 대해 대수롭지 않게 생각하는 사람들이 있다. 이는 매우 잘못된 사고방식이다. 약속시간에 늦는다는 것은 비단 불성실하고 무책임하다는 것만을 말하지 않는다. 이는 당신이 상대에게 무신경하고 무례하다는 것도 함께 말한다. 한 마디로 제 시간을 지켜 만날 만큼 상대가 중요하지 않다고 말하는 것과 똑같다. 만일 당신이 내일 아침 10시에 사장과 만나기로 약속했다면 어땠을까? 당신은 아마 단 1초도 늦지 않을 것이다. 그러니 이제 솔직해지자. 마음만 있다면 약속시간은 어떻게든 지킬 수 있다.

우리는 자신의 행동이 가져오는 결과에 대해 미리 생각하지 못해 종종 약속을 어기는 잘못을 저지른다. 그러고서는 "난 원래 그래요!" 하고 볼멘소리를 낸다. 그러나 당신이 약속을 어기는 것은 당신이 원래 그런 사람이라서가 아니다. 그저 자신이 그런 존재가 되기를 선택했기 때문이다.

상대가 누구든, 사장이든, 가정부든, 공장 노동자든, 비서든 약속을 했으면 반드시 지켜야 한다. 어떠한 공식모임이든 상관하지 말고 제 시간에 도착하고, 이러한 습관을 모든 인간관계로 확장시켜라. 약속장소에 항상 제일 먼저 나타난다는 평판을 듣도록 노력하라. 불가피하게 늦을 경우에는 상대방에게 미리 연락을 취해 왜 늦는지에 대해 설명하고 양해를 구하라. 그는 당신의 배려에 감사의 마음을 가지며, 당신을 더욱 존중할 것이다. 제 시간에 코빼기를 비치지 않는 사람을 기다리는 것만큼 분통 터지는 일도 없다.

사람들의 이름을 기억하라

사람들이 가장 달콤하게 듣는 소리 중 하나는 자신의 이름을 불러주는 소리이다. 이름은 각각의 인격을 나타내는 배지와도 같다. 만약 이 사실을 잘 기억하고 실천한다면 당신은 사람들에게 호감을 얻을 것이다. 타인의 이름을 기억하는 것은 작은 노력에 불과하지만 그에 따른 보상은 어마어마하다.

당신은 사람들의 이름을 잘 기억하는 편인가? 많은 사람들이 자신은 이름 외우는 데 젬병이라고 말한다. 하지만 우리가 이름을 잘 기억하지 못하는 가장 큰 이유는, 상대방이 자신을 소개할 때 귀 기울이지 않기 때문이다.

모르는 사람과의 첫 만남을 떠올려보라. 아마도 상대방의 자기소개는 이런 식으로 들릴 것이다. "안녕하세요. 제 이름은 뭐시기 거시기입니다." 그리고 당신은 상대방이 자기소개를 하는 동안 이 다음에 자신이 해야 할 말만 고민하고 있었을 것이다.

고유명사는 특별히 신경 쓰지 않으면 귀에 잘 새겨지지 않는다. 따라서 이름을 기억하기 위해서는 먼저 정확하게 들어야 한다. 다음에는 상대방의 이름을 되풀이하면서 이름과 상대방의 얼굴을 연결해보는 습관을 갖는다. 이때 상대방에 대해 의식적으로 흥미를 가지려고 노력한다면 이름이 한층 잘 외워질 것이다.

반면 당신이 절대 하지 말아야 할 말이 있다. 자신과 타인에게 "나는 이름을 기억하는 데 문제가 좀 있어"라고 말하는 것이다. 당신이 그렇게 말하면 잠재의식은 그 말을 곧이곧대로 들어 이를 충실히 이행하게 된다. 매번 누군가의 이름을 떠올리려고 애쓸 때마다 그의 인상은 기억 너머로 튕겨져 나갈 것이다. 혹시 이러한 말들을 평소 해왔다면 즉시 그 명령을 철회한 뒤 "나는 만나는 모든 사람들의 이름을 기억할 수 있다"라고 긍정적인 선언을 하라.

여러분의 자기계발 목록에는 반드시 '이름 기억하기'가 포함되어 있어야 한다. 이는 타인에게 자존감을 고취시켜줄 뿐만 아니라 당신 역시 보다 자신감 넘치고 균형 잡힌 사람으로 만들어준다.

사람의 마음을 얻는 법 : 먼저 다가가라

사람의 마음을 얻고 싶다면 우선 그들에게 다가가는 것을 두려워해서는 안 된다.

우리의 추측과는 달리 대부분의 사람들은 사회적 모임을 싫어한다. 사람들은 모임 자체에 대해서는 우호적이지만, 낯선 사람과 만나고 섞일 것을 예상하면 떨떠름한 표정을 짓는다. 당신은 "나는 원래 파티를 싫어한다"라고 말할지도 모르겠다. 하지만 파티가 불편한 진짜 이유는 따로 있다. '다른 사람들이 나를 반기지 않으면 어쩌나?' 하는 두려움 때문이다. 혹시라도 군중 속의 외톨이가 될까봐 겁이 나는 것이다.

만약 당신이 모임 참석에 대해 생각만 해도 마음이 불편해진다면 이 사실을 기억해라. '나는 혼자가 아니다.' 많은 사람들이 당신과 똑같이 낯선 사람과 낯선 장소에 대한 두려움을 가지고 있다. 이것만 깨달아도 타인을 만나는 일에 대해서 한층 부담감을 덜 수 있다.

당신이 파티에 참석했는데 태반이 모르는 사람이라고 가정해보자. 주변을 돌아보니 자신만 꿔다 놓은 보릿자루처럼 어색하게 서 있다. 당신은 이때 '그냥 집에 있을걸' 하고 후회할지도 모른다. 하지만 당신이 지금 있는 곳은 집이 아니다. 이미 파티에 참석했기 때문에 쉽사리 집으로 돌아갈 수도 없다. 그렇다면 방법은 하나다. 피할 수 없으면 즐겨라! 멀뚱히 서서 누군가 다가오기를 기다리지 말고, 당신이 먼저 다가가라. 당신처럼 혼자 있는 사람이 있다면 다가가 활짝 미소를 지어라. 그는 당신을 반길 것이다. 아니, 마치 그런 것처럼 행동해라. 극히 드문 경우를 제외하면 대다수 당신에게 호의를 보일 것이다. 당신이 먼저 경계만 푼다면 당신 앞에 서 있는 사람이 얼마나 대화를 나누기에 좋은 사람인지 금세 알 수 있다.

당신의 새로운 친구와 대화를 즐겨라. 이때 내가 일러준 커뮤니케이션 지침을 활용하라. 지나치게 어렵고 딱딱하게 시작하지 말고, 대화가 절로 굴러가도록 놔둬라. 상대가 당신을 당연히 좋아할 것이라고 믿어라. 그러면 그렇게 된다.

수다도 능력이다

언제나 대화가 철학적일 필요는 없다. 낯선 사람과의 대화는 가벼운 수다로 시작하는 것이 좋다. 여기에는 그럴 만한 이유가 있다. 당신이 누군가를 처음 만나면, 상대방은 당신이 쉽게 대화를 나눌 만한 사람인지 궁금하게 여긴다. 당신의 첫 마디가 그 대답을 제공하며, 대화의 인상을 결정짓는다.

만약 당신이 처음부터 상대방의 철학이나 인생관에 대해서 물어보았다고 하자. 상대가 얼마나 당혹스러워 할지 상상이 가는가? 아마도 그는 곧장 뒤로 물러나 당신과 거리를 유지하려고 들 것이다.

대신 아주 소소한 주제에서부터 대화의 물꼬를 튼다면 상대방 역시 긴장을 풀고, 대화는 물 흐르듯 이어질 것이다. 토크쇼 진행자들은 출연자가 부담을 갖지 않을 만한, 그러면서도 관심을 표명할 수 있는 신상에 대한 질문부터 골라 던진다. 여기에 대답하면서 출연자는 자연스럽게 초조함을 던져버리고 자기 자신에 대한 심도 깊은 대화도 기꺼이 수락하게 된다.

웃는 습관의 힘

우리가 흔히 간과하고 있는 커뮤니케이션의 문제점 중 하나는 웃지 않는다는 것이다. 거리의 사람들을 보라. 대부분의 사람들은 무표정으로 일관한다. 특히 동성에 대해서는 더욱 웃음에 인색하다. 어느 대학에서 조사한 바에 따르면, 남성의 경우 70퍼센트의 여성에게 미소를 짓지만, 같은 남성에게는 고작 12퍼센트에게만 미소를 짓는다고 한다. 하지만 이성이든 동성이든 당신의 미소는 사람들을 기쁘게 할 것이 틀림없다.

웃음은 소통의 필수 요소이다. 누군가가 당신에게 싱그러운 미소를 던질 때 얼마나 기분이 좋을지 떠올려보라. 웃음은 아주 간단한 방법을 통해 타인에게 기쁨을 전달한다. 어느 백화점에서는 종업원들에게 미소 교육을 실시한 후 매출이 20퍼센트 정도 증가했다고 한다.

"웃는 얼굴에 침 못 뱉는다"는 속담이 있다. 사람들은 웃는 사람에게 호감을 가질 수밖에 없다. 당신이 만약 미소와는 거리가 먼 사람이라면 지금부터 웃는 연습을 해야 한다. 당장 웃어라. 계속 웃어라. 한 번만 더 웃어라. 웃는다고 해서 당신을 경망스럽게 생각하는 사람은 아무도 없다. 그리고 무엇보다 웃으면 당신의 기분이 좋아진다. 혹시 주변에 거울이 있다면 웃고 있는 당신의 얼굴이 얼마나 아름다운지 확인해보라.

처음에는 웃는 게 어색할지도 모른다. 하지만 계속 연습하면 조만간 그 진가를 발휘하게 될 것이다. 한일자로 굳게 다문 입술꼬리가 서서히 올라가기 시작하면서 당신의 얼굴에서는 온화함이 퍼져나간다. 그리고 가슴속 깊이 자신감이 샘솟는 것을 발견하게 될 것이다.

만약 자신감이 결여되어 있거나 자신이 불행하다고 느끼는 사람은 결코 미소를 지을 수 없다.

사람들과 인사를 나눌 때마다 웃어라! 웃어라! 또 웃어라! 남녀노소 불문하고 웃는 사람치고 아름답지 않은 얼굴은 없다. 당신이 만나는 모든 사람에게 웃음을 선물하라. 가족, 친구, 이웃, 동료들에게 웃음을 던져라. 혹시 당신을 향해 얼굴을 찌푸리더라도 미소로 화답하라. 차가 막힐 때는 클랙슨 대신 미소를 지어라. 엘리베이터에서, 가게에서, 은행에서, 거리에서……, 당신의 발길이 닿는 곳마다 웃음의 꽃을 뿌려라. 수위, 비서, 은행창구 직원, 청소부, 운전기사를 '위해' 미소를 보내라.

그런데 나는 왜 '~을 보고' 웃으라고 하지 않고, '~을 위해' 웃으라고 했을까? 이유는 간단하다. 당신이 누군가를 위해 미소 지을 때만 당신의 진심을 보여줄 수 있기 때문이다. 상대방도 이것을 직감적으로 느껴 당신에게 미소로 화답한다. 그들이 당신에게 화답하는 미소의 뜻은 이렇다.

"내게 관심을 가져주셔서 감사합니다. 무엇보다 내가 소중한 존재라는 느낌을 갖게 해주셔서 고맙습니다."

미소를 익히면 모든 사람들에게 행복을 가져다주는 기쁨을 만끽할 수 있을 것이다. 오늘부터 웃음의 마법이 불러일으키는 기적을 지켜보라. 당신의 미소는 당신이 가진 가장 큰 자산 중 하나이다.

반드시 긍정의 기운을 지켜라

당신이 어울리는 사람들은 어떤 식으로든 당신의 삶에 영향을 미친다. 긍정적인 사고를 하고 싶다면 긍정적인 말뿐만 아니라 긍정적인 사람들과 어울리도록 노력해야 한다. 그들은 당신에게 창조적인 영감을 불러일으킬 것이다.

부정적인 사람들은 끊임없이 주변 사람들과 여건에 대해 불평을 늘어놓는다. 세상이 얼마나 불공평한지, 배우자가 얼마나 자신을 이해해주지 못하는지, 직장상사가 얼마나 자신을 괴롭히는지, 지금 자신의 기분이 얼마나 가라앉아 있는지에 대해서 주절거린다.

　이는 결국 당신의 긍정적인 에너지마저 고갈시키고 만다. 이들은 마치 흡혈귀처럼 당신의 기운을 빨아먹을 것이다. 그러니 되도록 가능하면 당신의 삶에서 이러한 에너지 뱀파이어들을 떼어놓아라. 그리고 당신의 마음을 새롭게 고양시키는 긍정적인 사람들을 찾아 나서라.

● 우리의 커뮤니케이션, 즉 소통 능력은 우리의 말만큼이나 말하지 않는 것에서도 드러난다.

● 커뮤니케이션은 자신의 생각을 표현하는 하나의 전달방식이다. 자신을 표현한다는 것은 자신이 내면으로 생각하고 있는 것을 표출한다는 뜻이다. 그렇기에 커뮤니케이션의 힘은 실로 엄청나다.

● 소통에 있어서 가장 중요한 요소는 바로 '경청'이다. 즐겨 말하기보다는 즐겨 들어라. 사람들은 자신의 말을 잘 들어주는 사람을 좋아한다. 자신이 존중받고 있다는 느낌이 들기 때문이다. 그만큼 경청의 자세는 타인에게 더 큰 영향력을 행사한다.

● 커뮤니케이션은 일방통행이 아닌 상호소통이다. 그만큼 상대가 관심을 가질 수 있는 주제를 이어가야 한다. 사람들은 자기 자신에 대해 관심이 가장 크다. 반면 당신에 대한 관심은 가장 적다. 그것을 잊지 마라.

● 항상 긍정적인 대화만 가져라. 긍정적인 말은 긍정적인 상황을 부르고, 부정적인 말은 부정적인 상황을 부른다. 아무리 기분이 나쁘다고 해도 불평 불만은 피해라.

● 당신이 아무리 좋은 말을 해도 타인이 알아듣지 못한다면 아무런 의미가 없다. 상대가 이해하기 쉽도록 쉬운 언어로 이야기할 수 있는 훈련을 해야 한다.

마지막 비밀

새로운 나를 만드는 절대적 자신감

긍정적인 사고를 하는 사람을 흔히 비현실적이라고 생각하기 쉽다. 냉혹한 현실을 직시하지 못한 채 늘 인생의 밝은 면만 보려고 한다고 말이다. 하지만 전혀 그렇지 않다. 긍정적인 사고는 세상과 자신의 문제를 직시한 후 건설적인 행동을 통해 이를 해결하고자 하는 자세이다. 즉 긍정적인 사고란 사리판단을 하지 못하는 어린아이의 순진함 같은 것이 아니다. 누구보다 상황을 냉철히 파악한 뒤 그 속에서 자신이 할 수 있는 역할을 찾는다. 언제나 가능성을 엿보기 때문에 쉽게 절망하거나 포기하지 않는다. 반면 부정적인 사람은 현실 운운하며 핑계와 변명만을 일삼을 뿐이다.

과연 이들 중 누가 더 현실을 직시하고 있는 것일까?

부정적인 사람과 긍정적인 사람의 차이점을 잘 보여주는 예가 있다. 여러분도 이 예를 통해 자신이 긍정적인 사람인지 부정적인 사람인지 시험해보라.

흔히 말하듯 물이 반쯤 들어 있는 컵이 있다면 당신은 이 컵을 어떻게 표현할 것인가? 긍정적인 사람은 "물이 반이나 있다" 혹은 "물이 반쯤 차 있다"라고 말한다. 그러나 부정적인 사람은 "물이 반밖에 없다"거나 "물이 반쯤 비어 있다"라고 말한다. 똑같은 환경에서도 반응이 극과 극인 것은 마음가짐이 달라서이다.

긍정적인 사람은 사태를 낙관적으로 바라보면서 그 속에서 희망을 찾고자 한다. 반면 부정적인 사람은 사태를 돌이킬 수 없다고 생각하기 때문에 자신이 할 수 있는 일은 아무것도 없다고 생각한다.

긍정적인 마음가짐은 장점은 키우고 약점은 극복하도록 도와준다. 또한 나는 꿈꾸는 것은 모두 실현할 수 있는 잠재력의 소유자라는 사실도 일깨워준다. 삶 속에서 희망과 선의에 집중할 수 있도록 돕고, 나와 타자, 세상이 올바른 관계를 맺을 수 있도록 돕는다. 주변의 선한 것들만 보도록 하므로 점점 당신의 삶 속에 선한 기운이 퍼져나가도록 이끈다. 이른바 앞에서 말한 '유유상종의 법칙'이다.

하지만 기억해야 할 것이 있다. 아무리 긍정적인 마음가짐을 지녔더라도 행동하지 않으면 소용없다는 사실이다. 정신적 에너지는 육체적 에너지로 전환되어야 제 가치를 발휘할 수 있다. 행동으로 옮길 때 나오는 육체적 에너지는 잠재의식을 강화시킨다. 그리하여 자연스럽게 당신의 실수를 교정하며, 당신의 삶이 보다 충만해질 수 있도록 변화를 일으켜 궁극적으로는 당신이 꿈꾸는 갈망을 실현시켜준다.

긍정의 말이 창의력을 내뿜는다

흔히 말은 그 사람의 인격을 보여준다고 한다. 상대가 어떤 사람인지 알고 싶으면 그 사람이 사용하는 말을 살펴보라고 했다. 이렇듯 말에는 당사자의 느낌과 기분, 인격, 자신감 등이 내포되어 있다. 반대로 우리는 우리가 하는 말에 영향을 받기도 한다. 우리는 앞에서 부정적인 말은 실패와 실망, 가난과 혼란, 그리고 질병을 가져오도록 최면을 건다는 사실을 배웠다. 이에 대한 해결책은 무엇일까? 거꾸로 적용하는 것이다. 당신의 삶이 긍정적인 생각과 말, 선언들로 넘쳐나게 하면 된다.

다음에 소개하는 선언문은 당신의 약점이 아닌 강점을 내포하고 있다. 당신의 마음을 긍정적으로 만들어주고, 당신이 소중한 존재임을 확인시켜주고, 당신이 무엇이든 능히 할 수 있음을 단언한다.

당신이 내적 충만함으로 가득 찬 삶을 살고 싶다면, 아래와 유사한 말들을 사용하여 당신의 잠재의식에 긍정적인 이미지를 프로그래밍 해야 한다.

- 지금 이 순간은 내게 무한한 가능성을 열어주고 있다. 바로 이 순간 이 영원한 현재의 일부이기 때문이다.
- 나는 나의 무한한 잠재력을 받아들여 이를 펼칠 준비가 되어 있다.
- 나는 나의 무한한 능력을 신뢰한다. 나는 비전을 가지고 있으며, 밝

은 앞날을 예측한다.

- 내 주변에는 나처럼 긍정적인 사람들로 넘쳐난다.

- 나는 내 능력에 대해 더 많이 알아갈 것이다. 이는 내게 있는 해내고
자 하는 의지에 대해 더 깊이 인식하게 해 줄 것이다.

- 나는 꿈을 이루기 위해 타인에게 기대지 않는다. 그러나 인연이 닿
는 모든 사람들을 소중히 여긴다. 이들은 우주의 무한한 존재가 내
게 꿈을 이뤄주기 위해 마련해준 잠재적 통로이다.

- 나는 우주적 마음과 하나이다. 따라서 내가 반드시 알아둬야 할 것
은 이미 초의식을 통해 깨닫고 있다. 그리고 이 지식은 나의 잠재의
식에 있는 모든 무지를 제거해준다.

- 나의 내면에 있는 우주적 힘이 나의 의식을 발동시켜 행동하도록 용
기를 북돋고 있다. 나는 자신감이 넘친다.

- 나의 행동은 긍정적인 인식의 논리적 귀결이다. 나의 노력은 그에
합당한 열매를 맺을 것이며, 나는 삶의 모든 영역에서 잘해나갈 수
있다.

- 나는 나를 이롭게 하는 모든 새로운 길과 방법을 마음속 깊이 받아
들이고 있다.

- 나는 놀라운 창조적 지성의 결과물로서, 나 역시 무한한 창의적 존
재라는 것을 알고 있다.

- 나는 나와 타인의 유익을 위해 온 힘을 쏟고 있다. 내가 사는 우주는
우호적 존재로서 내 꿈에 응답하며, 이를 현실로 이뤄주고 있다.

- 나는 영적으로 완전하다. 나의 의식은 건강하며, 나는 그것을 즐긴다. 내게는 어떠한 두려움이나 후회도 없다. 나는 지금 이 순간을 생생히 살아가고 있다. 나는 완전한 자신감으로 가득 차 있다.

해야 할 알맞은 일에 집중하라

당신이 할 수 있고, 해야만 한다고 생각하는 모든 일들을 목록으로 만들어라. 목록을 자주 살펴보고 기억하도록 하자. 당신의 잠재적 능력을 여기에 집중시켜라. 당신은 가치 있고 유능하고 특별한 존재다. 이를 내면으로부터 받아들여라. 당신이 바라던 일을 성취했을 때는 잊지 말고 위의 고백을 다시 상기하라. 그래서 그 성취에 대한 보상을 자신에게 충분히 해주라. 이러한 과정을 통해 당신은 반드시 해야만 하는 일을 골라 집중할 수 있게 될 것이다. 그리고 이를 습관으로 굳혀라.

《이상한 나라의 앨리스》에서 루이스 캐롤은 우리가 어떻게 '지금의 나'가 되었는지, 그리고 우리에게 허용된 일들에 집중하는 것이 얼마나 중요한지 보여주고 있다.

앨 리 스 내가 온 세상에서는 사람들이 익숙한 걸 잘해내기 위해 자기가 잘하지 못하는 게 뭔지 공부해야 해.

매드 해터* 우리는 이 원더랜드에서 뱅글뱅글 돌고 있지만, 항상 마지막에는 우리가 출발했던 그 자리로 돌아오고 말아. 네 얘기 좀 해줄래? (*매드 해터^{Mad Hatter}에는 '몹시 열 받은 사람'이라는 뜻이 있다.)

앨 리 스 글쎄, 어른들은 우리가 어디서 잘못되었는지 알아내서 다시 그렇게 하지 말라고 하지.

매드 해터 말도 안 되는 소리! 내가 보기에는 뭔가에 관해 파악하기 위해서는 너희가 공부를 해야 한다는 소리로밖에 안 들려. 그리고 그걸 공부할 때는 거기에 더 익숙해져야만 하는 거지. 그런데 왜 너희가 거기에 더 익숙해져야 하고, 그런 식으로 다시 틀리면 안 된다는 거야? 좋아, 어쨌든 계속해봐.

앨 리 스 우리에게 할 만하고 올바른 일이 무엇인지 공부해 보라고 알려주는 사람은 아무도 없어. 하면 안 될 일들을 배우기 위해 우리는 먼저 뭐가 잘못인지, 하지 말아야 할 게 무엇인지 그것만 배우도록 되어 있거든. 그래서 금지된 것들을 하지 않고 가만히만 있어도, 아마 나는 꽤 괜찮은 아이가 될 거야. 하지만 나는 그런 식으로 인정받기보다는 무엇을 해냄으로써 올바른 사람이 되고 싶어. 너라면 그렇지 않겠니?

여기에 위대한 교훈이 있다. 당신의 삶에서 무엇이 허용되어 있는지에 대해 초점을 맞춰라. 당신이 원하지 않는 것으로부터 관심을 돌려, 당신이 원하는 것에 마음을 두라. 우리의 초점이 모아지면 더 많은 것을 만들어낼 수 있음을 기억하라.

지금까지 상상조차 하지 못했던, 새로운 나

내가 이 책에서 말한 원리를 여러분이 인생에 적용할 수만 있다면, 당신은 지금까지 상상조차 못했던 '새로운 나'를 만나게 될 것이다. 아래의 글은 더 이상 희망사항이 아닌 바로 지금 이 순간부터의 당신 모습이다.

- 당신은 자신을 위한 올바른 길을 인지하고 있으며, 그에 필요한 힘과 계획을 가지고 있다. 그리고 당신은 이를 행동으로 실천한다.
- 당신은 지금까지 자신의 발목을 잡아왔던 거짓된 신념을 극복한다.
- 당신은 결코 외롭지 않으며, 주변사람들과 잘 어울리는 사교적인 사람이다.
- 당신은 자신의 운명을 지배하는, 자신감 넘치는 사람이다.
- 당신은 자신이나 타인들을 판단하지 않는다.
- 당신은 타인과 공감대를 가지면서도 평정심을 누린다.
- 당신은 새로운 가치관과 개념 등에 대해 열린 마음으로 대한다.
- 당신은 건강이 넘치며 장수를 누리게 된다.

- 당신은 새로운 영적 인식을 하게 된다.
- 당신은 전보다 더 강렬하게 자신과 타인을 사랑하는 법을 알게 되고, 이를 실천한다.

어떠한가? 새로운 자신이 마음에 드는가? 당신이 일단 여기에 실려 있는 원리를 익히고 적용할 수만 있다면 '나'라는 하나의 조감도가 완성될 것이다.

물론 그러기 위해서는 반드시 행동이 뒤따라야 한다. 생각만 해서는 아무것도 이뤄지지 않는다. 행동하기를 망설이지 마라. 두려워하지도 마라. 이는 당신 인생의 위대한 모험 중 하나가 될 것이다. 일단 자신을 절대적 자신감을 지닌 존재로 확립하는 데 전념하기로 했다면, 당신이란 존재는 결코 어제의 모습으로 되돌아가지 못할 것이다. 당신은 이미 강을 건넜다!

POINT

- 긍정적인 인생을 살아야 한다. 긍정적인 마음가짐은 장점은 키우고, 약점은 극복하도록 도와준다. 당신이 꿈꾸는 것을 모두 실현시킬 수 있는 잠재력의 소유자라는 사실을 일깨워준다. 삶 속에서 희망과 선의에 집중할 수 있도록 돕고, 나와 타자, 세상이 올바른 관계를 맺을 수 있도록 돕는다.

- 우리는 자신이 하는 말에 영향을 받는다. 당신의 삶이 긍정으로 넘치도록 긍정적인 말과 선언으로 채워라.

- 당신이 할 수 있고, 해야만 한다고 생각하는 모든 일들을 목록으로 만들어라. 목록을 자주 살펴보고 기억해두라. 당신의 잠재력을 여기에 집중하라.

- '나는 유능한 존재다'라는 사실을 내면으로부터 받아들여라. 당신이 바라던 일을 성취했을 때는 위의 고백을 다시 상기하라.

- 자신을 절대적 자신감을 가진 존재로 확립하는 데 전념하라. 그 순간 과거의 당신은 사라지고 완전히 새로운 나의 길로 들어서게 된다. 당신은 이미 강을 건넜다!

내가 얼마나 위대한지 알려주고
그래서 자존감을 한껏 높여주고
직관을 깨워 잠재력을 보여주고
그 어떤 것도 실현할 수 있다는

기적의 자신감 수업

1판 1쇄 발행 2016년 11월 21일
1판 2쇄 발행 2017년 12월 29일

지은이 로버트 앤서니
옮긴이 이호선
펴낸이 고병욱

기획편집1실장 김성수 **기획편집** 윤현주 장지연 박혜정
마케팅 이일권 송만석 황호범 김재욱 김은지 **디자인** 공희 진미나 백은주 **외서기획** 엄정빈
제작 김기창 **관리** 주동은 조재언 신현민 **총무** 문준기 노재경 송민진

펴낸곳 청림출판(주)
등록 제1989-000026호

본사 06048 서울시 강남구 도산대로 38길 11 청림출판(주) (논현동 63)
제2사옥 10881 경기도 파주시 회동길 173 청림아트스페이스 (문발동 518-6)
전화 02-546-4341 **팩스** 02-546-8053
홈페이지 www.chungrim.com
이메일 cr1@chungrim.com
블로그 blog.naver.com/chungrimpub **페이스북** www.facebook.com/chungrimpub

ISBN 978-89-352-1135-7 (03320)